-관광학 관점에서 제주도 재발견-

제주관광의
정책현황과
대안모색

즐거운지식 5

-관광학 관점에서 제주도 재발견-

제주관광의 정책현황과 대안모색

문성민 지음

이담
Books

　연간 1,300만 명을 상회하는 해외출국 실태를 감안하면 우리 사회에서 '관광' 또는 '여행'은 보편적인 일상문화로 정착되었지만 '관광學' 관련 도서를 탐독하는 사람은 사실상 없는 것 같다. 시중의 대형서점, 예를 들어 서울 광화문의 교보문고에는 관광學 관련 도서를 모아 둔 독립된 서가가 있음에도 불구하고 일반인이 책을 뒤적거리는 모습은 거의 발견되지 않는다.

　관광학과 밀접한 관련이 높은 경영학, 사회학, 그리고 심리학에서는 전문적인 학술도서뿐만 아니라 일반인을 독자층으로 설정한 다양한 교양서들이 출간되고 있다. 그러나 관광學과 관련된 대다수의 단행본은 극소수 독자층을 겨냥한 전문 학술도서로 분류되는데 대부분 대동소이한 내용으로 점철되어 있다.

　관광學의 성격은 순수학문이라기보다는 다학제적인 실용학문인 관계로 여타 학문 분야와는 달리 명확한 연구주제를 설정하기가 매우 어렵다. 따라서 독립적인 이론이 정립된 경영·사회·심리학 분야에서 '이론'에 근거한 교양도서의 출간이 가능한 것과는 달리, 타 학문 분야의 이론을 차용하여 관광현상을 설명해야 하는 관광

學의 구조적 한계로 인해 전문 학술도서에만 집중되어 있는 실정인 것 같다.

多學制적인 학문으로 자부함에도 불구하고 관광學 전문도서에서 소개되는 주요 이론은 경영학 관련 이론이며 소비자 행동학의 관점에서 사회학과 심리학 이론이 주로 언급된다. 미시적 관점을 중시하는 전문도서의 특성을 감안하더라도 학문적 다양성이 부족한 것으로 평가된다.

전술한 문제인식을 토대로 관광學의 인식저변을 확대하고자 전문 학술도서가 아닌 최대한 일반 독자도 부담 없이 탐독 가능한 대중서 기획으로 방향을 설정하였다. 독자적인 이론의 부재로 이론 중심의 대중서 기획은 매우 어려운 관계로 실용학문으로서의 관광學의 성격을 반영하는 접근방법이 고려되었다. 즉 사회에서 진행되고 있는 관광이슈, 예를 들어 보전과 환경논리가 대립하는 국립공원 내 케이블카 설치라든지 경제자유구역에서 허용을 요구하고 있는 내국인 출입이 가능한 카지노, 新성장산업으로 국가차원의 육성이 모색되고 있는 의료관광을 중심으로 논의를 전개한다면 이해 도모가 용이할 것으로 판단하였다.

논의를 전개할 실질적인 사례의 대상지로는 우리나라의 대표적인 관광지인 제주도를 선택하였다. 항공편으로 접근성이 탁월한 제주도에는 매년 500만 명 이상이 방문하는 친숙한 관광지이므로 사례해석이 용이할 것으로 판단되었다. 이처럼 제주도에서 진행되고 있는 관광쟁점을 논의대상으로 설정한 후 미술史 등의 문화예술 이론으로부터 사회학·환경심리학 관점의 다양한 이론을 적용하여 다학제적인 관광學의 구조를 반영하고자 하였다.

진행형인 관광쟁점의 분석은 최대한 다각적인 관점이 고려되어야 한다. 이런 점에서 토론과정을 거쳐 기존논리를 재확인하거나 또는 제기된 오류를 수정하고자 제주도의 대표적인 인터넷신문인 ≪제주의 소리≫(http://www.jejusori.net)에 기고한 38편을 추려 출간하게 되었다.

논의주제의 대상지로 제주도가 설정되었지만 여타 지방자치단체로의 적용은 무난할 것이다. 따라서 의료관광의 개념·경관미학·도시 슬로건 개발 등의 주제는 지방자치단체 관계자의 업무수행에 도움이 될 것이다. 또한 전공도서 특유의 중압감으로부터 잠시 머리를 식혀줄 읽을거리를 찾는 관광學 전공 학생, 그리고 내 고장의 사회현황에 관심 있는 제주도민의 지적 욕구 충족에도 일조했으면 하는 바람이다.

전 지구적인 경제위기에 직면한 최악의 상황에서 흔쾌히 출판을 허락해 주신 한국학술정보(주) 채종준 대표이사님, 전반적인 업무를 도맡아 해결해 주신 출판기획팀의 권성용 선생님, 그리고 편집 디자인에 애써 주신 관계자님의 노고에 감사드린다.

2009년 5월

문성민

차 례

Chapter Ⅱ

제주관광의 정책현황_87

Chapter Ⅲ
제주관광의 홍보마케팅 전략_143

Chapter I

제주다움의 의미 고찰

Part Ⅰ. 제주의 문화

1. 제주다움에 대한 단상
- 삼다(三多) 삼무(三無)의 정신

　대표적인 미래학자로 손꼽히는 존 나이스빗(John Naisbitt)에 의하면 한편으로는 정치적 독립과 자치실현으로 지역이 분리되고 있지만, 또 한편으로는 이러한 분리된 지역들이 세계적 경제협력체로의 재통합이 전 지구적 추세로 진행되고 있다고 한다. 이처럼 동시에 공존하는 지역화와 세계화의 상호관계를 사고방식과 실천방식을 기준으로 '지역적 생각과 세계적 행동'(Think Locally, Act Globally)임을 세계 초강대국으로 부상한 일본을 사례로 설명하고 있다.[1] 일본은 서구화를 지향하지만 일본 고유의 시선으로 재해석한 일본적인 서구화를 창조함으로써 세계시장 공략에 성공한 것이지, 역으로 서구화된 일본으로는 오늘날의 성공이 불가능했다는 것이다.

　'지역적 생각과 세계적 행동'을 구현한 일본의 사례에서 개방성

---

1) Naisbitt(1994). 『Global Paradox』 p.21.

과 포용성의 기본전제를 파악할 수 있다. 외부로부터의 문호는 사실상 완전 개방하지만 선진문화로 인식되더라도 맹목적으로 수용하지는 않는다는 점에서 조건 없는 개방성과는 달리 포용성 개념은 전제조건이 설정되어 있다. 즉 고유한 지역 정체성(identity)을 기준으로 유입된 외부문화를 가감 없이 포용할 수도 있고, 기준에 위배된다면 확산을 미연에 방지할 수도 있으며 '일본적인 서구화'의 방식처럼 융합을 모색할 수도 있다. 결국 포용성의 기본전제인 정체성이 사전 확립되지 않는다면 개방으로 인한 득(得)보다는 실(失)이 많아질 수밖에 없다는 점이다.

개방성과 포용성을 전제로 한 국제자유도시로의 발전을 기대하는 제주의 최우선 검토대상은 개방성과 포용성의 적용 가능성이다. 2008년 현재 180여 개 국적 외국인의 무비자 입국이 허용되고 있는데 역대 최다인 베이징 올림픽 참가국 수가 205개국인 점을 감안하면 사실상 '국제'도시로서의 개방성이 충족되고 있다. 앞서 언급한 바처럼 전제조건이 설정될 수밖에 없는 포용성 개념을 감안하면 '자유'도시에서의 '자유'의 구현범위는 일정수준 제한된 것이지 '방종'이나 '방임'으로 해석될 수 없는 개념이다. 따라서 이러한 '자유'를 제한할 수 있는 기준인 고유한 지역 정체성은 제주국제자유도시의 필요충분조건인 셈이다.

정체성(Identity)이란 '나'(I)를 확인시키는 제요소라고 보면 지역 정체성이란 여타 다른 지역과의 구분을 가능케 하는 유무형의 기준을 의미한다. 개인의 삶 자체가 정체성을 탐색하고자 하는 여행이라면 각자 독립적 정체성을 지닌 개인들이 거주하는 지역의 정체성 개념을 규정하기란 매우 어려워진다. 지역이라는 공간을 무대로 개별 개인은 한편으로는 주변 환경과 상호 영향을 주고받으면서 정체성을 형성하고, 또 한편으로는 다른 개인들과의 맺어진 상호관계를 토대로 개인 정체성은 집단 정체성에서 궁극적으로 지역 정체성으로 확대 발전되는 것이다. 즉 지역 고유의 환경에 적응하면서 공유하게 된 유무형의 특성을 지역 정체성의 구성요인으로 정의해 보면, 단일차원이 아닌 다층적인 관점으로 지역 정체성 개념을 설명할 수 있다.

다층적 구조로 구성된 관계로 지역 정체성의 개념은 관점에 따라 상이해질 수 있다. 예를 들어 제주의 정체성으로 해녀와 방언처럼 인적 관점에서 인식할 수 있고, 환경적 관점을 중시하면 현무암이라든지 바람을 제주 특유의 정체성으로 인식할 여지도 존재한다. 언급된 상징요소들은 제주에서만 존재하는 유일무이한 것은 아니지만 이러한 요소들이 존재하지 않는 제주를 상상하기란 어려울 것이다. 즉 제주인뿐만 아니라 외지인의 시선으로 제주다운 이미지가 연상되는 공통된 상징요소들을 추출할 수 있다면 이를 '제주다움'으로 명명할 수 있다.

'제주다움'이란 오랜 기간 제주인이 환경에 적응하면서 자연스럽게 생성된 상징요소이다. 제주는 예로부터 돌과 바람, 그리고 여자가 많다는 삼다(三多)의 섬이면서 동시에 대문, 거지, 도둑이 없다는 삼무(三無)의 섬으로 여타 다른 지역과는 확연히 구분된다. 제주만의 경쟁력인 제주다움의 한 축인 삼다(三多)는 무궁무진한 미래잠재력을 지니고 있는데 구불구불한 돌담길을 탐방하는 제주올레, 신재생에너지이자 경관자원의 기능도 가능한 풍력발전, 제주의 잠녀문화는 새로운 지속 가능한 관광자원으로 평가된다. 제주다움의 또 다른 한 축인 삼무(三無)는 그 자체로 독립적 기능을 수행하기보다는 과유불급(過猶不及)으로 악화될 수 있는 삼다(三多) 활용의 가이드라인을 제시하는 것으로 이해할 수 있다.

대문과 거지, 도둑이 없다는 삼무(三無)를 현대적 의미로 재해석해 보면, '대문 없음'이란 개방성을 전제로 한 국제자유도시이고 '거지'와 '도둑'이 없다는 점은 국제자유도시의 또 다른 전제인 포용성으로 해석될 수 있다. 즉 전 세계를 무대로 제주의 문호를 개방하지만 외부문화 수용의 부작용인 빈부 격차로 야기된 도둑과 거지가 발생해서는 안 된다는 점이다. 이러한 점을 종합적으로 고려해 보면 영리병원을 포함한 제주현황에 대한 설명이 가능해진다.

2008년 7월 28일 도민 1,100명을 대상으로 영리병원 도입 찬반 유무의 설문조사 결과가 발표되었다. 찬성과 반대 모두 과반을 확보하지 못했지만 1.7% 차이로 우세한 반대여론을 겸허히 수용한 결과 영리병원 도입은 무산되었다. 도입반대 근거로 제시된 의료비 급등(37.6%)과 의료서비스 양극화 심화(19.1%)가 의미하는 바는 상대적 빈곤감에 대한 불만과 불안, 불편한 심기가 표출된 것이다. 즉 자본에 대한 개방으로 특정 계층의 편익수혜는 강화된 반면 상대적 박탈감에 직면한 대다수 계층은 마치 도둑과 거지와 다를 바 없다는 인식이 형성됨으로써 영리병원 도입이 좌절된 것이다.

박정희 대통령 재임 기간부터 도입이 검토된 한라산 케이블카 사업은 반대여론의 우세로 번번이 좌절되었지만 관광활성화 명목으로 꺼져 가는 불씨를 살리고 있다. 한라산은 백두산과 금강산과 더불어 3대 영산(靈山)인 성스러운 장소이지만 중산간이 골프장 조성으로 파헤쳐지자 2007년 세계자연유산으로 지정된 일부 지역만 보전되고 있는 실정이다. 제주도민이 인식하는 한라산은 오백 장군을 위시한 1만 8천의 신(神)들의 신성한 장소로서 문명의 손길이 닿지 않도록 숨기고 싶은 마지막 보루이다. 즉 국제자유도시로의 발전을 위해 제주도 개방에는 찬성하지만 한라산마저 개방된다면 제주도민 정서에 녹아 있는 신비감 박탈로 인해 심리적인 거지와 다를 바 없다는 인식이 형성되어 있다.

참여정부에 대한 민심이반이 촉발된 '바다이야기' 사태는 상대적 박탈감에 시달린 서민들의 마지막 비상구로 선택된 도박중독의 폐해를 표출한 바 있다. 부동산 및 주식으로 손쉽게 막대한 차익을 거둔 계층이 권력구조의 정점을 지배하고 있는 우리 사회에서 소외되고 배제된 서민으로서는 일확천금의 유혹적 덫에 걸려들면 폐가망신으로 직결되는 사례가 적지 않다. 빈부 격차 수준이 미미한 제주에서 내국인 카지노가 개방된다면 도둑과 거지의 문제가 아니라 강도와 살인, 일가 집단자살처럼 제주사회의 근간이 와해되는 건 필연의 수순이다.

2. 관광티셔츠와 제주이미지

- 제주의 바람, 돌담 그리고 갈옷

　세계적 정보사회학자인 다니엘 벨(Daniel Bell)의 명저 『탈산업사회의 도래』에서는 사회의 변천과정을 크게 1) 前 산업사회 2) 산업사회 3) 후기 산업사회로 구분한 후, 후기 산업사회의 지배적 특성을 정보사회로 명명하였다. 前 산업사회란 근력(man-power)에 의한 '자연에 대한 게임'으로, 산업사회는 에너지(energy)에 의한 '인공적 자연에 대한 게임', 그리고 후기 산업사회를 정보(information)에 의한 '사람들 간의 게임'으로 규정한 다니엘 벨의 선구적 식견을 일상생활에서 확인하는 건 어렵지 않게 되었다.[2)]

　17세기 영국 빅토리아시대 지식인이 평생 습득한 정보의 총량이 오늘날 뉴욕타임즈 하루 분량에 불과하다는 점에서 정보사회의 일면을 확인할 수 있다.[3)] 정보사회 이전에는 정보의 부족이 문제였다면 정보사회에서는 과유불급이라는 표현이 연상되는 정보과잉

---

2) 벨(2006). 『탈산업사회의 도래』 p.122.
3) 백기락(2006). 『패턴리딩』 p.67.

(information overload)이 문제가 되고 있다.4) 이처럼 엄청난 정보에 노출된 현대인의 생존전략인 선택적 주의(selective attention)란 관심이 있는 일부 정보에 한해서만 처리하고 그렇지 않은 대다수 정보는 무시하는 것으로 일상생활에서 흔히 언급되는 '선택과 집중'이라는 표현도 동일한 맥락에서 이해할 수 있다.

정보홍수의 소용돌이에 휩쓸리지 않고 능동적으로 특정 정보만 선별하는 소비자 집단이 대두되면서 이러한 변화양상에 적응할 수 있는 광고홍보 전략 수립은 기업생존의 최우선과제로 인식되고 있다. 첫 단계로 소비자의 관심을 환기시킨 후 다음 단계로는 최대한 긍정적인 첫 인상을 소비자 심리에 각인시킨 후 궁극적으로 장기기억으로 저장될 수 있는 성공적 방안으로 슬로건(slogan)과 이미지(image)를 활용하는 것이다. 개념적으로 상호교환이 가능하지만 굳이 슬로건과 이미지의 차이를 구분해 보면, 슬로건은 주로 문자로 표현되는 반면 이미지는 상징으로 표현되는 것으로 볼 수 있다.

제주와 연계된 슬로건으로는 '국제자유도시', '평화의 섬', '세계자연유산', '안전도시' 등 여러 가지가 언급되고 있지만 문제는 개별 슬로건 간 연계성이 부족하다는 점이다. 예를 들어 '국제자유도시'와 '안전도시'의 본질은 '도시'이지만 '국제자유'와 '안전' 간의 상관성을 연상하기란 좀처럼 쉽지 않다. 또 다른 예를 들어 보면 국내법으로 보장된 '국제자유도시'와 UNESCO라는 UN산하 국제기구가 공인한 '세계자연유산'과의 위계를 판단하는 객관적 기준도 연상되지 않는다. 종합해 보면 다양한 슬로건 중 여타 다른 슬로

---

4) 성영신·김완석(1987). 「소비자 정보과부하 현상에 대한 역동적 연구: 정보의 양과 물리적 특성의 효과」

건을 포괄할 수 있는 대표 슬로건이 연상되지 않는다면 중구난방의 이른바 '따로국밥'이라는 지적이 제기될 수밖에 없다.

문자로 외연적 의미(denotation)를 전달하는 슬로건과는 달리 이미지에서는 내연적 의미(connotation)가 연상된다. 슬로건을 대다수 사람들이 동일한 의미로 해석하는 사진으로 비유한다면 이미지란 각양각색의 관점으로도 해석 가능한 추상화인 셈이다. 언어로 구속되는 슬로건과는 달리 시각적 상징인 이미지는 마치 만능 통역기처럼 기능한다는 점에서 세계각지로부터 관광객을 유치하고자 하는 관광목적지에서는 이미지 개발에 심혈을 기울이고 있다. 예를 들어 브로드웨이를 매개로 문화관광도시로서의 이미지 정착에 성공한 뉴욕이라든지 사막의 불모지에서 과학기술로 상상을 구현한 두바이의 이미지는 첨단과학과 휴양관광이 공존하는 도시로 연상된다. 하와이의 훌라춤은 열대 휴양관광목적지의 이미지를, 발리 전통의상의 무희로부터 이국적인 문화이미지가 연상된다.

제주에서 선택한 관광이미지의 매체는 이른바 관광티셔츠라고 불리는 복장이다. 공식명칭인지 여부에 대해서는 확실하지는 않지만 공신력 있는 언론매체에서 '관광티셔츠'로 언급하는 것으로 미루어 보면 티셔츠는 단순한 기능이 아닌 제주 관광이미지 홍보 목적으로 개발된 후 보급된 것이다. 현재 3종의 디자인 유형으로 보급된 관광티셔츠의 공통점으로는 첫째, 도안으로 만개한 꽃 등의 식물이 부각된 점 둘째, 여백을 찾기 어려운 디자인 셋째, 두드러진 원색 적용을 들 수 있다. 이러한 특성을 감안해 보면 제주의 관광티셔츠는 마치 어디에선가 본 듯한 데자뷰(deja vu)가 연상되고 있다.

〈그림 1〉 관광티셔츠

　　연중 월평균 기온이 20℃를 상회하는 열대성 기후대 거주자 복
장의 전형적인 특성은 밝은 원색계통이 채택되고 있다는 점이다.
일조량이 충분한 지역에서는 밝은색이 선호되는 반면, 북유럽처럼
일조량이 부족한 지역에서는 상대적으로 어두운색이 지배적이다.
풍부한 일조량으로 연중 화사한 꽃이 만개하는 환경에서 화려한
꽃무늬 중심의 식물도안은 환경에 순응하는 의상디자인이며, 위도
가 높아질수록 전반적인 의상디자인은 단순화된다. 종합해 보면 관
광티셔츠가 전달하고자 하는 제주의 관광이미지는 열대성 휴양관
광목적지인 셈이다.

　　1월 평균기온이 5.6℃이고 3월의 평균기온도 8.9℃인 제주의 겨
울기후는 몰아치는 강풍을 감안하면 체감기온은 영하권일 때도 적
지 않다. 제주도민 546명을 대상으로 설문조사 결과를 발표한 '제
주도 경관 및 관리계획'에 의하면 제주도민은 제주의 기후특성으
로 20.1%가 해안가 파도, 19.4%가 몸을 움츠리게 하는 바람,
10.7%가 거센 비바람을 언급한 것처럼 바람의 영향으로 제주를
열대 휴양관광목적지로 분류하기는 어렵다.[5] 동일 설문조사에서

제주의 상징색으로 제주도민 중 18.3%가 귤밭의 오렌지색을 제시한 반면 16.8%는 돌담의 짙은 현무암색을 제시하였는데 제주를 연상시키는 소재로는 48.2%가 현무암을 제시한 것으로 판단해 보면, 어두운 색상계통이 제주의 전형적인 색상이라는 점이다.

갈색계통인 제주의 '갈옷'은 제주의 돌담과 초가집과 자연스런 조화를 이룬다. 단순한 디자인과 어두운 색상의 복장은 제주의 자연환경에 순응한 자연스런 결과물이라는 점에서 화려한 디자인과 밝은 원색계통을 채택한 관광티셔츠를 제주다운 이미지로 수긍하기란 어려울 것이다.

---

5) 제주일보(2008/07/29). ≪제주 최고의 경관은? ······한라산!≫

3. 국제자유도시의 문화코드
- 관광티셔츠의 글로벌 스탠더드

제주가 표방하는 국제자유도시란 사람과 상품, 그리고 자본의 이동이 자유로운 도시라고 한다. 언급된 3개의 자유 중 상품과 자본에 대한 자유조치는 진척이 미진한 반면 사람의 자유로운 이동은 가시적 성과를 내고 있다. 2008년 현재 무비자로 제주 출입이 가능한 국가의 수는 180여 개이고 제5 항공자유화 정책은 국제 간 사람의 자유로운 이동을 가능케 하는 촉매제이다. 이렇듯 제도적으로 사람의 이동에 대한 구속요인들이 제거되거나 느슨해지고 있지만 2006년 제주방문 전체 외국관광객의 82%가 일본과 중화권 시장에 편중된 점으로 미루어볼 수 있듯이 제도개선의 실질적 효과는 제한적이다.

제주도에서 추진 중인 물리적인 공간이동이란 사람의 자유로운 이동을 가능케 하는 필요조건에는 부합하지만 결코 충분조건을 충족시킬 수 없다. 귤나무가 회수를 건너면 탱자나무로 변한다는 귤화위지(橘化爲枳)라는 고사성어가 제기하는 기본전제는 공간이동

종착지의 구성환경에 관한 것이다. 즉 제도적으로 기술적으로 제주로의 방문여건은 충족되었지만 다양한 사고방식이 통용될 수 있는 개방성과 포용성에 대한 제주의 환경여건이 성숙되지 않는 관계로 현실화가 요원한 것이다. 결국 사람의 자유로운 이동을 바라보는 현재의 관점으로 국제자유도시는 구호 수준 탈피가 어려울 것이다.

개인적으로 완전동일한 개성이 존재하지 않을 뿐만 아니라 사회적으로 상이한 문화배경이 조합되면서 다양성의 범위 측정조차 사실상 불가능해질 수 있다. 즉 모든 개인을 만족시킬 수 있는 광범위한 환경조성은 첫째, 이론적으로 합의된 개념 도출이 불가능하고 둘째, 물리적으로 조성이 불가능하며 셋째, 설령 가능하더라도 비효율적이므로 제한된 합리성(bounded rationality)을 토대로 현실적 대안이 모색되어야 한다.[6] 결국 다양성을 보장하는 국제자유도시의 개방성과 포용성 개념이란 이른바 글로벌 스탠더드(global standard)의 영역에서 충족되는 것이다.

글로벌 스탠더드란 고정불변의 유형적인 개념이라기보다는 심리적이고 문화적으로 공유된 인식이다. 법률에 의해서 강제적으로 규정되는 것이 아니라 자율적인 합의에 의거하며, 특정 지역 및 특정 집단에 국한되는 것이 아니라 인종, 국적, 성별, 연령을 초월하는 상상공동체(imaged community)[7]의 일원임을 인식시키는 것이 글로벌 스탠더드인 것이다. 다름은 인식되지만 이러한 차이가 상호 양해될 수 있는 인식범위를 규정한 것이 글로벌 스탠더드라면, 제주

---

6) Simon(1997). 『Administrative Behavior』 pp.93 – 94.

7) Anderson(1991). 『Imagined Communities』

의 관광티셔츠로 인해 오히려 차이가 부각될 수도 있다는 점이다.

밝은 원색계통의 색상과 여백 없는 화려한 도안으로 디자인된 관광티셔츠는 제주 고유의 환경이 자연스럽게 반영된 전통의상이 아니다. 제주의 자연환경소재를 이용한 돌담 및 초가집과 아름다운 조화를 이루는 갈옷과 비교해 보면 관광티셔츠는 제주의 전통과 자연환경과는 괴리가 심각한 새로운 의상으로 규정하는 것이 타당하다. 색상과 디자인 관점에서도 정장용 드레스 셔츠로 분류하기 어렵고 바지 밖에 걸쳐 착용한다는 점에서 기능적으로도 캐주얼 셔츠인 셈이다.

글로벌 스탠더드로 되돌아가면 천차만별의 개인취향 및 독특한 문화배경으로 인해 다양한 유형의 의상이 존재할 뿐만 아니라 선호 또는 혐오되는 의상의 유형도 다양하다. 앞서 언급한 바처럼 제한된 합리성을 토대로 의상에서도 드레스 코드(dress code)라는 공유된 합의를 존중하는 것이 글로벌 스탠더드이다. 예를 들어 조문복장으로 반바지에 샌들 착용을 금지하는 법률은 없지만 묵시적으로 금기시되며 문화권을 불문하고 첫 대면에서는 가급적 정장착용이 권장되고 있다. 이러한 점을 감안해 보면 글로벌 스탠더드에 부합되는 드레스 코드는 국제자유도시를 표방하는 제주에서 준수되어야 한다.

두바이 스마트시티의 후보지 답사 목적으로 내도한 패리드 압둘하르만은 디슈다사(dishdash)라는 아랍 전통정장을 착용한 반면 제주도지사는 관광티셔츠 복장으로 잠재적 투자자와의 환담을 진행하였다. 개인적 친분을 토대로 한 사담(私談)이라기보다는 각각 제주와 두바이를 대표하는 공인 입장으로 본다면 적절한 드레스 코드는 정장인 셈이다. 개방성과 포용성이 전제된 국제자유도시의 글로벌 스탠더드는 '나'가 아닌 '남'을 배려하는 것이라고 보면, '나'의 관점이 아니라 '남'의 시선을 최대한 존중하는 것이다. 이런 점에서 손님(guest)의 드레스 코드가 부적절하더라도 주인(host) 입장에서 이해하는 것은 글로벌 스탠더드이지만, 드레스 코드에 관심을 두지 않는 주인으로 국제자유도시를 구현하기란 어려울 것이다.

잠재적 투자자로서 아랍 전통정장 차림의 손님을 영접한 주인의 복장인 캐주얼한 관광티셔츠를 합리화할 수 있는 유일한 방안은 외부손님과의 공개석상에서 관광티셔츠를 착용하는 것이다. 세계적 은행기업인 HSBC 회장을 역임하고 두바이 등 세계 각국에서 정책고문으로 활약하고 있는 데이비드 엘든(David Eldon)을 국제정책고문으로 위촉한 공식석상에서 손님인 엘든은 캐주얼한 복장을, 주인인 제주도지사는 정장을 착용하였다. 공식석상이므로 적절한 드레스 코드는 정장이지만 손님을 배려하는 국제자유도시의 글로벌 스탠더드를 감안하면 엘든의 복장은 문제시될 수 없다.

데이비드 엘든의 국제적 감각을 고려해 보면 캐주얼한 관광티셔츠를 착용한 제주도지사와의 드레스 코드를 일치시키기 위해 의도적으로 캐주얼 복장을 착용한 것으로 추정할 수 있다면 정장차림의 제주도지사와의 대면에서 적지 않게 당황했을지 모른다. 제주도로서는 관광티셔츠를 대표적인 제주관광이미지로 홍보할 의향이 있다면 드레스 코드에 구애받지 말고 정장 대신 일관적으로 관광티셔츠를 착용해야 한다. 이렇게 되면 국제자유도시의 기본전제인 글로벌 스탠더드를 충족하기란 매우 어려워질 것이다.

4. 제주관광의 지정학적 관점
- 제주다움의 보편타당성 추구

항공편으로 일본과 중국의 주요 도시로부터 2시간 이내에 도달 가능한 지정학적 특성을 토대로 제주는 국제적인 관광지로의 발전을 모색하고 있다. 2006년도 관광통계에 의하면 제주방문 전체 외국관광객의 39%를 점유한 일본관광객 및 31%의 중국관광객의 비중은 이동소요시간의 측면에서 비교우위에 놓인 제주의 지정학적 특성이 반영된 것이다. 섬 관광지로서 제주의 벤치마킹 대상인 하와이를 방문한 최대 외국관광시장은 하와이로부터 인접한 일본관광객이고, 호주와 일본관광객 비중이 매우 높은 발리의 전체 외국관광시장도 동일한 맥락에서 설명할 수 있다.

관광통계의 관점에서 제주와 하와이, 그리고 발리의 공통점은 이동거리와 비례한 외국관광객시장의 특성인 반면, 외국관광객시장의 다양성 측면 및 수적 측면에서 제주는 뒤처져 있는 실정이다. 이러한 문제인식을 토대로 일본과 중국에 편중된 외국관광시장의 다변화를 모색하고자 미주와 유럽시장을 직접 겨냥한 홍보마케팅의 성과는 측정조차 무의미한 실정이다. 이동거리 및 이용 가능한 교통수단의 편리성 관점에서 비교열위에 놓인 제주의 지정학적 특성을 감안하면 일본과 중국을 방문한 미주 및 유럽국적 관광객이 제주를 경유할 수 있는 간접적 홍보마케팅으로의 방향전환이 필요하다.

2006년도 관광통계를 기준으로 제주방문 최대 외국관광객시장인 일본과 중국관광객 수는 각각 17만여 명과 14만여 명이다. 일본의 주요 도시로부터 항공편으로 2시간 이내에 도달 가능한 제주도를 방문한 17만여 명의 일본관광객 수를 연평균 1,700만 명에 육박하는 일본의 해외관광객 수와 비교해 보면 수적 측면의 한계도 여실히 드러난다. 이처럼 지리적 인접성의 장점에도 불구하고 제주방문을 외면하는 일본 및 중국관광시장의 근본원인을 단일요인으로 진단하는 건 비현실적이지만 대체로 경쟁관광지와의 차별화 실패가 핵심원인으로 제시될 수 있다.

세계적인 섬 관광지인 하와이에는 외국관광객전용 카지노조차 불허되고 있지만 일본관광객이 평생 한 번은 방문해야 할 관광지로 인식되고 있다. 또한 천혜의 기후조건에도 불구하고 변변한 골프장조차 없는 발리의 최대 외국관광시장은 일본관광객이다. 반면 대한민국 카지노의 절반인 8개의 외국인전용카지노가 운영되고 있고 세계 100대 골프장으로 선정된 골프장을 포함한 20여 개의 골프장이 조성된 제주는 경쟁관광지보다 비교우위에 있는 것으로 진단할 수 있다. 다만 하와이와 발리에서는 열대성 기후로 연중 해양레저스포츠가 가능한 점을 제외하면 자연경관의 측면에서 제주가 비교열위에 놓인 것으로 평가할 수 없다.

제주의 지리적 이점에도 불구하고 경쟁관광지와의 차별화에 실패한 원인으로는 식도락에 대한 일본 및 중국관광객의 욕구를 간과한 제주관광의 방향이다. 서구적 관점에서 날 음식에 대한 기피로 한 때 경멸의 대상이었던 일본음식의 이미지는 고가의 건강식으로 변화되면서 세계화에 성공하였다. 또한 인도의 카레보다 세계인의 입맛에 맞는 일본식의 카레라든지 서양음식인 커틀릿을 돈가스로 재탄생시킨 것처럼 일본 식문화의 다양성으로 미식(美食)에 대한 선호가 형성된다. 동일한 맥락에서 광활한 대륙에서 다양한 이민족과의 상호작용으로 산해진미가 풍부한 중국 식문화의 배경을 감안하면 관광목적지 선택요인 중 식문화의 중요성을 파악할 수 있다.

제주의 음식문화가 세계적 식도락 민족인 일본과 중국관광객의 기대수준에 부합된다면 제주로의 방문은 자연스럽게 급증할 것이다. 그런데 국내외 관광객을 막론하고 제주의 대표적인 향토음식으로 각광받는 요리는 고등어조림과 갈치구이, 전복죽 등처럼 주로 해산물의 신선도가 부각되었을 뿐, 제주 향토음식으로서의 고유한 정체성을 발견하기 어렵다.[8] 전통적인 잔치음식으로 빠질 수 없는 몸국인 경우 향토성은 부합되지만 문화적 배경이 상이한 외국관광객을 대상으로 대중화되기는 어렵다. 따라서 식문화의 정체성이 모호한 해산물 위주의 요리로는 식도락가인 일본과 중국관광객의 기대수준을 충족시킬 수 없고, 장기체류하지 않고서는 몸국 등의 향

---

8) 신동아(2008). 8월호. ≪제주도엔 제주음식이 없다 - 박물관 쇼윈도에 있을 뿐≫ 음식문화연구 전문가로서 주영하 교수가 진단한 제주음식은 정체성을 상실하였다. 즉 제주도에 가는 육지 사람들은 누구나 할 것 없이 횟집으로 직행을 한다. 아니면 갈치조림이나 고등어조림을 판매하는 식당만을 찾는다. 이름마저 생소한 제주도 음식에 대한 기대보다는 자신들에게 익숙한 육지음식을 제주도에서 찾는 것이다. 제주도민의 일상음식에서도 제주다움의 전통을 체험하기 어려워지고 있고 무엇보다도 제주전통 음식의 관광자원화에 소극적인 제주도 내 관광전문가의 방임적 태도를 질타하고 있다.

토성 높은 음식의 가치를 음미하기란 어렵다.

세계적인 섬 관광지로의 성장을 위해서는 제주 향토음식의 세계화가 전제되어야 한다. 세계 각지의 유일무이한 음식 자체는 호기심을 유발하지만 보편적 인지도가 형성되지 않은 음식을 선뜻 시식하는 관광객 유형은 제한될 수밖에 없다. 즉 사진이나 그림 등의 시각적 매개수단으로 관광목적지의 이미지를 상상할 수 있는 것과는 달리 음식은 대리경험이 불가능한 관계로 홍보마케팅으로는 보편적 인지도 형성이 불가능해진다. 따라서 최대한 다양한 문화배경에서도 독특성이 인식될 수 있도록 제주음식 자체에 대한 변용이 선행되어야만 보편적 인지도 형성이 가능해진다.

제주 식문화의 특수성은 유지하면서 세계적인 보편성을 확보하는 이른바 '보편화된 특수성'의 실현 가능성은 좁은 문을 통과하는 것과 다름없다.9) 그렇다고 예산투입으로 가시적인 산출이 가능한 골프장이나 케이블카, 카지노처럼 현재의 상태에 안주하는 손쉬운 선택을 해서는 차별화된 세계적인 섬 관광지로의 발전을 기대할 수 없다. 따라서 일본 고유의 음식인 초밥을 세계적인 음식으로 승화시킨 일본인을 제주로 유치하기 위해서는 상응한 노력이 제주에서도 전개되어야 할 것이다. 종합해 보면 식문화를 위시한 제주관광의 미래방향은 제주다움을 세계인의 보편타당한 가치로 인식되도록 경주하는 것이다.

---

9) 박상미(2006). 「커피의 소비를 통해 본 한국사회에서의 미국적인 것의 의미」. p.214. 다국적 기업과 지역 토착문화와의 상호작용은 음식문화의 경계넘기에서 종종 관찰되는 '특수한 것의 보편화'(universalization of particularism)와 '보편적인 것의 특수화'(particularization of universalism)를 동시에 보여준다. 즉 한 지역의 특수화된 것이 전 지구적으로 확산되어 수용되는 과정과 이러한 것이 지역마다의 특색과 상호작용하며 변형되어 수용되는 과정이 동시에 역동적으로 보이는 것이다.

Part Ⅱ. 제주의 자연경관

1. 제주경관에 대한 타자의 시선
- 7대 자연경관 선정투표의 문제점

현존하는 유일한 7대 불가사의인 이집트의 피라미드는 우주탐사의 시대인 오늘날에도 경외감을 느낄 수 있는 건조물이다.[10] 소실된 관계로 단편적인 기록에 의존할 수밖에 없지만 바빌론의 공중정원을 위시한 6개의 불가사의도 피라미드 못지않은 경탄의 대상물이라는 점에 대해서는 의심의 여지가 없다. 이러한 불가사의로 명명된 7개 대상물의 공통점은 인공적으로 건조된 구조물이라는 점으로 인류 문명의 진보를 상징하는 대상으로 간주되었던 것이다.

서양 문명의 발상지인 고대 그리스의 관점에서 구성된 세계 7대 불가사의 목록은 서양 편향적 시선이라는 태생의 한계가 내재되어 있다. 그리고 7대 불가사의 대상물 전체가 인공구조물인 것처럼 오늘날의 인식과는 달리 당시 천혜의 자연경관은 경외감의 대상으

---

10) 클레이턴(2002). 『세계 7대 불가사의』pp.23 - 24. 기원전 3세기경 알렉산드리아 도서관의 칼리마코스는 『세계 전역의 불가사의들의 모음』을 집필하였다. 칼리마코스의 저작은 유실되어 불가사의의 구체적인 목록확인은 불가능한 관계로 기원전 2세기경 활동한 그리스 시인 안티파테르의 시(poem)를 세계 7대 불가사의 목록의 기원으로 인정하고 있다.

로 간주되지 않았다. 서구사회에서 자연의 존재는 탐험의 대상 (explored)에서 침략의 대상(invaded), 정복의 대상(conquered)에서 현재는 이해의 대상물(understood)로 전환되었다는 기술사가(技術史家) 루이스 멈포드(Lewis Mumford)의 설명으로부터 자연을 경시한 서구의 시선을 감지할 수 있다.[11]

탐험과 정복의 대상물로 간주된 자연의 의미는 인간성의 회복이 시작된 르네상스의 영향으로 새로운 관점에서 조망될 수 있게 되었다. 기독교의 관점에서 사악한 기운이 잠재되어 있던 음침한 숲의 이미지[12]는 퇴색되고 자연 자체가 아름다운 대상물로 여겨지면서 1598년도에서야 경관(landscape)이라는 신조어가 파생되었다.[13] 1600년대 이후부터 본격적으로 자연경관을 주제로 한 풍경화가 등장한 서양과는 달리 중국 당대(AD 618 – 907)에는 각각 수묵산수화를 전문으로 하는 남종화(南宗畵)와 채색산수화가 전문인 북종화(北宗畵)라는 별개의 화풍이 존재하고 있었다. 이처럼 서양과 동양의 관점에서 자연을 대상으로 한 인식변화가 독립적으로 진행되면서 오늘날 자연경관에 대한 평가도 미묘한 고유성을 내재하고 있다.

스위스의 영화제작자 베른하르트 베버(Bernard Weber)가 주도하는 新7대불가사의 재단에서는 전 세계 네티즌을 대상으로 6년간의

---

11) Mumford(1963). 『Technics and Civilization』 p.31.

12) 배리(2004). 『녹색사상사』 p.39. 유럽 역사에서 어두운 숲과 산, 늪 같은 야생 지역들은 위험한 장소로 생각되었고 공포의 대상이었다. 숲은 초자연적인 존재들이 사는 곳으로…… 원시 자연을 이같이 부정적으로 바라보는 태도는 기독교의 '자연의 온전화' 사상에서 나타난다. 자연의 온전화란 원시자연을 점유하여 온전케 하여 보다 생산적이도록 변형시키며 길들임으로써 미적으로 쾌적한 환경을 만드는 것이다.

13) 메리암–웹스터 사전은 온라인(http://www.merriam–webster.com)에서도 이용할 수 있다. 역사적 고증자료가 존재하는 단어에 한해서는 생성시점의 정보도 제공하는데 'Landscape' 가 등장한 시점은 1598년이다.

인터넷 투표를 근거로 중국 만리장성과 브라질의 거대 예수상을 위시한 7개의 새로운 목록(new 7wonders of the world)을 2007년 7월 7일 발표하였다. 인공구조물로 한정되었던 고대 7대 불가사의와 마찬가지로 인류문명의 흔적에 근거한 새로운 7대 불가사의 목록의 불균형을 인식한 것인지 또는 지속적인 마케팅 전략에 기인한 것인지를 판단하기엔 어렵지만 新7대불가사의 재단에서는 7대 자연경관(new 7wonders of nature) 선정을 위한 1단계 과정을 새로이 진행하고 있다. 제주도를 포함한 77개의 후보지를 대상으로 2009년 7월까지 인터넷 투표를 실시한 후 최종 21개의 후보지로 압축하는 2단계 과정이 진행되고 있다.

7대 자연경관 선정을 위한 1단계 투표대상으로 선정된 77개의 개별 후보지에 대한 이해를 도모할 목적으로 동일한 크기의 경관이미지 1개와 간략한 소개문(explanation)이 병기되어 있다. 新7대불가사의 재단에서 선정한 제주도의 경관이미지를 분석해 보면 근경(近景)으로 열대 이미지가 연상되는 야자수, 중경(中景)으로는 코발트 색상의 바다, 그리고 원경(遠景)으로는 생동감이 느껴지는 섬이 놓여 있다. 이러한 新7대불가사의 재단에서 선정한 경관이미지의 실제 배경이 비양도라는 점은 제주도민이거나 또는 제주에 관심이 있는 사람이라면 어렵지 않게 파악할 수 있다.

서구의 관점에 기반을 둔 新7대불가사의 재단에서 선정한 비양도의 경관은 동서양을 막론한 보편적인 아름다움을 체감할 수 있다. 이처럼 경관적 가치가 탁월한 비양도에 총 연장 2㎞의 해상케이블을 설치하려는 계획은 전 세계인이 인정한 제주경관의 가치를 스스로 부정하는 것이다. 더구나 제주도민을 포함한 국내외 네티즌

을 대상으로 비양도의 경관이미지가 선정된 제주도를 최종 21개의
후보지로 발탁되도록 제주도정 차원에서 인터넷 투표를 독려한다
는 점을 감안하면 제주도정의 해상케이블 설치계획은 이중적 태도
라는 비판에 직면할 수밖에 없다.

화산섬인 제주도는 한국 남
서해안으로부터 130㎞ 떨어
져 있다. 한국 최대의 섬이지
만 행정구역 면적은 최소인 제
주도의 면적은 1,846㎢이다.
휴화산이자 해발 1950m 높
이의 남한 최고봉인 한라산은
제주의 핵심적 지형이다. 한라
산 주변으로 360개의 위성화
산들이 형성되어 있다.

〈그림 2〉 화산섬 제주도의 경관이미지와 소개문

新7대불가사의 재단에서 제주의 대표 경관이미지로 선정한 비양
도의 경관적 가치는 최상으로 평가할 수 있음에도 불구하고 2008
년 10월 9일 기준으로 중하위권인 42위에 입지해 있다. 이처럼 예
상보다 저조한 순위의 원인으로는 국내 네티즌의 투표참여율 저조
도 일조를 하지만 사전 특정후보지를 염두에 두지 않은 대다수 네
티즌으로부터의 외면이 근본적인 원인으로 분석된다. 실증조사가
수행되지 않은 관계로 추정에 불과하지만 비양도의 수려한 경관이
미지와는 조화를 이루지 못한 부적절한 소개문으로 인해 국외 네

티즌의 선정을 받지 못한 것으로 분석된다.

영문 52개의 단어로 구성된 소개문은 크게 1) 제주도의 지리적 입지와 2) 화산섬의 특성으로 구성되어 있다. 한반도 남서해안으로 부터 130㎞ 거리에 위치해 있고 총 면적이 1,846㎢라는 제주도의 지리적 입지에 대한 설명은 연이어 남한 최고봉인 1,950m의 휴화산인 한라산 주변으로 360개의 기생화산의 존재가 간략히 언급되면서 종결되어 있다. 이러한 내용 자체는 사실에 근거하지만 첫째, 이미지와의 불일치성 둘째, 해석오류의 가능성 셋째, 내용의 심층성 빈약이라는 문제가 제기될 수 있다.

첫째, 전반적인 제주도의 지리 및 지질적 특성을 소개하는 설명 문구와는 달리 삽입된 경관이미지는 비양도이다. 소개문의 설명대로라면 경관이미지의 원경(遠景)에는 제주도이거나 한라산 또는 기생화산이 놓여 있어야 하지만 실상 소개문에는 언급되지 않은 부속섬인 비양도가 입지해 있다. 이처럼 경관이미지의 내용과는 심각한 괴리가 있는 소개문구로 인해 경관적 가치의 저하가 불가피해진 것으로 분석된다.

둘째, 경관이미지의 원경(遠景)으로 제시된 비양도의 완전한 실체가 누락되면서 해석상의 오해 가능성이 증가하였다. 비양도에 대한 사전 지식이 있는 사람이라면 원경(遠景)의 이미지를 '섬'으로 인식하지만 대다수 네티즌 관점으로는 사면이 바다로 둘러싸인 '섬'이라기보다는 육상의 돌출된 부분으로 해석할 개연성이 높다. 따라서 한반도 남서해안으로부터 130㎞ 떨어져 있는 것으로 기술된 소개문구를 참고하면 원경(遠景)의 이미지를 자칫 제주도로 오해할 개연성도 있지만 130㎞라는 단서로 인해 혼란에 빠지게 된다. 그리고 소개문구에 의하면 한라산으로 오해할 개연성도 있지만 남한 최고봉인 1,950m의 높이로 인해 360개의 기생화산의 일부로 해석할 개연성이 높다.

셋째, 42위의 제주도보다 상위에 입지한 여타 후보지의 소개문구와 비교해 보면 내용의 심층성이 빈약한 것으로 분석된다. 제주도를 포함한 42개의 후보지 중 소개문구의 내용이 최다인 후보지는 31위인 크라카타우 섬(Krakatau, Volcanic Island)으로 단어 수는 152개이고, 최소 소개문구의 후보지는 24위의 다볼자보로스 암석지대(Davolja Varos Rock Formation)와 30위의 달락 군도(Dahlak Archipelago)로서 각각 23개의 단어로 구성되어 있다. 상위 42개 후보지를 설명하는 소개문의 평균 단어 수인 65개와 비교해 보면 52개 단어로 구성된 제주의 소개문 분량은 부족하지는 않지만 적절성과 심층성의 문제가 제기될 수 있다.

23개의 영문단어로 구성된 다볼자보스 암석지대 및 달락 군도의 경관이미지는 병행된 소개문구와 일치할 뿐만 아니라 경관이미지의 명칭도 일관성을 유지하고 있다. 암석지대(rock formation)라는 명칭으로부터 다볼자보스의 경관이미지 내용을 해석할 수 있는 것과 동일한 맥락에서 달락의 경관이미지도 군도(群島)라는 명칭으로부터 용이한 이해가 가능해진다. 하지만 제주도(Jejudo)라는 명칭으로부터 비양도의 경관이미지를 연계하기란 매우 어려운 것으로 분석된다.

악마의 마을이라는 의미의 다
볼라자보스는 세르비아 남서부의
라단산(Mt. Radan)에 형성된 각
뿔 형태의 흙무더기이다.

〈그림 3〉 다볼자보스 암석지대 경관이미지와 소개문

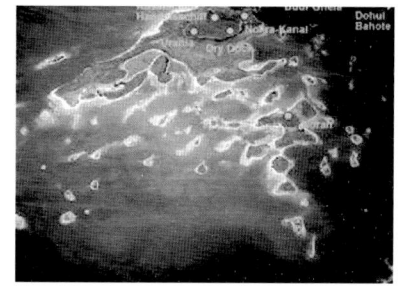

100개 이상의 소형 산호섬으
로 구성된 달락 군도(群島)는 홍
해 에리트레아 해안 앞바다에 위
치해 있다.

〈그림 4〉 달락 군도 경관이미지와 소개문

비양도의 경관이미지는 제주도민과 내국인의 관점뿐만 아니라
동양과는 미묘한 차이가 있는 서구의 시선에서도 매혹적으로 인식
된다. 이처럼 보편적 가치가 내재된 비양도의 경관적 가치를 제주
만의 전유물로 인식하는 사고방식으로는 국제자유도시의 기본취지
조차 충족시킬 수 없다. 따라서 총연장 2㎞의 비양도 해상케이블
설치계획은 극소수 제주인의 관점으로부터 전 지구적 관점, 즉 모
든 타자의 시선에서 검토되어야 할 것이다.

2. 상징으로서의 제주경관의 잠재력
- 바다, 오름, 한라산의 경관미학

인간성의 회복을 의미하는 르네상스 이후 종교개혁을 거치면서 서구사회 전반의 기본전제로 대두된 합리성(rationality)의 영향력은 현시점에서도 유효하다. 이러한 합리성을 토대로 태동한 자본주의 및 산업혁명을 가능케 한 진보된 과학기술의 영향력은 예술 영역에서도 확인할 수 있다. 르네상스시대에 완성된 투시기법이 도입된 이래 현 상태를 모사(模寫)하고자 하는 사실주의적 미술경향은 과학기술에 의존한 반면, 후일 인상주의(impressionism)로 명명된 새로운 미술사조의 전기는 만연한 과학합리주의에 대한 회의적 시선에 기인한 것이다.[14]

자연경관과 인물의 사실적 묘사를 가능케 하는 과학적인 투시기법의 영향력은 19세기 초반 새로운 과학기술의 산물인 사진이 발명

---

14) 이진경(2002). 『근대적 시·공간의 탄생』 pp.200-209. 서구에서 가까운 것은 크게 그리고 먼 것은 작게 그리며 그 단축의 정도에 직선적인 일관성을 부여한 것은 르네상스 이후였다. 정확하고 과학적인 재현, 그것은 서구의 근대 회화를 특징짓는 가장 중요한 특징이 되었다. 그러나 반 고흐는 투시적 공간개념이 요구하는 깊이를 제거해 버렸고, 세잔은 수학적이고 과학적인 구성을 위해 투시법 자체가 와해되는 지점을 보여주었다.

되면서부터 점증적으로 상실될 수밖에 없었다. 이처럼 새로운 차원의 과학적 이기인 사진의 등장으로 르네상스 이후 지속된 회화원리의 기본전제인 과학기술에 대한 회의적 인식을 공유한 일군의 화가들에게 일본으로부터 건너온 목판화는 새로운 계기를 제공하였다.[15] 애초 유럽에 수출되는 일본 도자기 포장재로 사용되었던 저질 종이에 인쇄된 목판화는 원근법을 무시한 비과학적인 구도이지만 이로 인해 과감한 시점 처리가 가능해지면서 인상파 화가로 알려진 모네(Monet)와 고흐(Gogh), 드가(De Gas) 등의 화가들을 매료시켰다.

인상주의 출현에 지대한 영향력을 제공한 일본의 목판화인 우키요에(浮世繪)의 주제는 대부분 자연경관을 묘사한 것이다. 유럽에 유입되어 인상주의 화가뿐만 아니라 당대 서구 지식인의 경탄을 불러일으킨 우키요에의 최고 걸작은 '가나가와 앞바다의 파도'를 위시한 가츠시카 호쿠사이의 작품이다.

원경(遠景)에 후지산이 놓인 '가나가와 앞바다의 파도'에 영감을 얻어 교향곡 <바다>를 완성한 프랑스의 인상주의 작곡가 드뷔시의 사례처럼 후지산을 배경으로 한 호쿠사이의 연작시리즈 후카구 36경(후카구는 후지산의 별칭)이 소개된 이후 후지산은 일본의 대표적인 상징으로 인식되고 있다.[16]

---

15) 곰브리치(1987). 『서양미술사 下』 pp.524－525.
16) 김향(2006). 『하이쿠와 우키요에, 그리고 에도시절』

〈그림 5〉 가나가와 앞바다의 파도   〈그림 6〉 도카이도 해안

후카구36경으로 대변되는 일본의 우키요에가 소개된 이래 후지산이 일본의 상징으로 각인되었을 뿐만 아니라 경관미의 인식에도 변화를 초래하였다.

서구사회에서 1600년대 이후 본격적으로 등장한 풍경화의 원경에 산 능선이 묘사된 사례가 많지 않은 점은 유럽의 전형적인 평탄한 지세가 반영된 것으로 분석된다. 그러나 원경의 배경으로 후지산이 놓인 일본의 우키요에를 접하게 되면서부터 산수화로 대변되는 동양적인 자연경관의 미적 측면이 서구사회에도 영향을 미치게 되었다.

경관미학과 관련된 연구결과를 종합해 보면 현대인이 선호하는 아름다운 자연경관의 전형적인 구도는 호쿠사이의 후카구36경인 '도카이도 에지리의 해안'과 흡사하다. 즉 근경(foreground)으로는 평탄한 초지이거나 강 또는 해안의 풍경, 중경(middle ground)으로는 녹음이 우거진 식생지대, 원경(background)으로는 산 능선이 소재한 자연경관의 미가 최고의 가치로 평가된다는 점이다.[17) 또 다른 사례를 살펴보면 2007년 7월 7일 발표된 새로운 7대 불가사의 목록과 별개로 7대 자연경관 목록선정의 준비과정으로 인터넷 투표가 진행 중인 新7대불가사의 재단 홈페이지(http://www.new7wonders.com)의 경관이미지이다.

新7대불가사의 재단 홈페이지의 초기화면에서 인터넷 투표참여를 홍보하는 이미지를 분석해 보면 근경은 강/호수, 중경으로는 숲, 그리고 눈 덮인 산 능선이 원경에 놓인 자연경관은 후지산이 배경인 후카구36경과 동일한 구도임을 확인할 수 있다.

〈그림 7〉 세계 新7대불가사의 재단 홈페이지 초기화면

바다와 오름, 한라산으로 구성된 제주도의 경관이미지는 보편적인 경관미의 구도와 동일하다. 즉 근경으로는 에메랄드색의 바다, 중경으로는 세계에서 유래를 찾기 어려운 독특한 오름의 풍경, 그리고 원경으로는 세계자연유산으로 등재된 한라산이 놓인 경관구도는 전 세계인이 경탄한 호쿠사이의 후카구36경보다 우월한 가치

---

17) Gifford(1997), 『Environmental Psychology』 p.73.

를 내재하고 있다. 그러나 천혜의 해안절경이 구비된 서귀포시 예래 일대에 조성될 휴양주거단지에 당초 15m의 건축고도를 240m로 완화하는 방안이 실현된다면 가치환산이 불가능한 제주경관의 잠재력을 포기하는 것과 다를 바 없다. 후지산을 배경으로 한 자연경관이 일본의 상징으로 인식되는 것처럼 바다와 오름, 한라산으로 구성된 경관이미지가 제주의 상징으로 성장할 잠재력은 무궁무진하다.

3. 섬 경관의 벤치마킹 모델
─ 하와이 와이키키의 사례

　파도가 넘실대는 망망대해에서 새(鳥)가 쉬어갈 수 있는 봉우리 (山)로서의 '섬'(島)의 이미지는 사막의 오아시스를 연상시킨다. 오아시스가 사막을 헤매는 여행자의 갈구대상이라면 섬은 바다의 항해자뿐만 아니라 육상에 거주하는 사람들에게도 소구되는 대상이다. 이처럼 섬에 대한 막연한 동경이 보편화된 것은 성장과정에서 접한 문학작품 및 영상매체에서 묘사된 섬의 이미지에 기인하는 것으로 볼 수 있다.

　전설적인 해적이 막대한 보물을 은닉한 보물섬으로의 항해를 다룬 로버트 스티븐슨(Robert Stevenson)의 『보물섬』은 현시점에서도 수십 개의 언어로 번역되어 전 세계 청소년 독자의 상상력을 자극하고 있다. 바다폭풍의 여파로 홀로 표류한 후 오로지 맨손으로 원시적 도구를 만들어 생존한 로빈슨 크루소(Robinson Crusoe)의 불굴의 의지를 접한 독자에게 무인도는 도전의 대상으로 각인된다. 강렬한 색채로 타이티(Tahiti) 섬 여자들을 묘사한 고갱(Gauguin)의

작품은 열대 섬에 대한 이국적이고 낭만적인 호기심을 자극하였는데 이러한 경향은 브로드웨이 뮤지컬을 영화화한 1958년 작 <남태평양South Pacific>에서 재현된다.

현대도시의 전형인 아스팔트로 포장된 도로와 빼곡히 들어선 마천루의 공간에서 거주하는 사람에게 섬의 의미란 비단 일상을 탈출한 휴식의 공간뿐만 아니라 어린 시절부터 품어왔던 상상의 나래를 실현한다는 의미도 내포하고 있다. 즉 코발트 색상의 바다와 마주친 백사장의 야자수 나무 그늘에서 휴가를 만끽하는 이미지이거나 또는 문명의 손길이 닿지 않은 미개척지를 탐험하고자 하는 동심의 실현이 가능한 이미지가 연상되어야만 외부인의 방문대상지로 고려될 수 있다. 결국 인공적인 도시경관과 확연한 차별화가 가능한 자연적인 섬 경관이 전제되지 않는다면 성공적인 관광목적지로 발전할 수 없다는 점이다.

열대기후의 영향으로 연중 해수욕을 비롯한 해양레저스포츠 활동이 가능하고 이국적 풍취가 물씬 나는 원색계통의 식물이 만개해 있고 무엇보다도 낭만적 이미지가 연상되는 원주민 여성의 훌라댄스가 있는 하와이에는 연간 700만 명에 육박하는 관광객이 방문하고 있다. 청명한 하늘과 구별하기 어려운 코발트 색상의 바다를 감싸는 광활한 백사장의 경계에 야자수가 식재되어 있는 와이키키 해변은 섬에서의 한적한 휴가를 희망하는 사람들이 꿈꾸는 지상낙원의 이미지를 연상시킨다. 이러한 상상에 부합되려면 인공적 구조물은 가급적 해변으로부터 이격되어 있어야 하고 건축소재는 최대한 자연원재료를 활용해야 하고 동시에 건물높이도 저층이어야 한다. 그러나 수십 미터 높이의 야자수가 정원의 관목인 것처럼 착각하게 하는 초고층 콘크리트 건물들이 와이키키 해안을 둘러싸고 있다.

〈그림 8〉 와이키키 해변 경관

천혜의 자연경관의 가치를 저감시키는 초고층 인공건축물의 허용으로 바다를 조망할 수 있는 숙박수용력의 증가가 가능하고 이러한 조치로 인해 상대적으로 저렴한 숙박요금 덕택에 대중관광지로 성장할 수 있었다. 즉 극소수 상류계층만이 지불 가능한 저층의 방갈로 방식의 건물을 지양하는 대신 일정 수준의 환경부하를 염두에 두고 초고층 인공구조물을 허용함으로써 배제되는 계층을 최소화하고자 한 것이다. 이러한 와이키키 해변의 사례처럼 토지의 집약적 이용이 허용되는 공간은 극히 일부에 한해 제한되고 제주도 면적(1,846㎢)의 15배에 해당되는 하와이 전체 면적(28,311㎢)의 대부분은 개발이 엄격히 제한되고 있다.

초고층 마천루가 허용된 와이키키 해변에 입지한 호텔의 고도는 38층 120.7m의 Ala Moana Hotel이라든지 39층 106.7m의 Hyatt Regency Waikiki처럼 평균 100m 내외이다.[18] 와이키키 해변에서의 숙박 선호도를 감안하면 현행 호텔의 평균고도인 100m보다 최소 2~3배 상향된 초고층 호텔의 객실이용률도 매우 높을 것으로 예상되지만 인접한 호놀룰루 도심에 형성된 최고층 마천루 높이인 130.8m와의 조화가 고려된 것으로 보인다. 왜냐하면 도시경관의 석학인 케빈 린치(Kevin Lynch)가 설명한 바처럼 건물/도시는 단독으로 경험되는 것이 아니라 주위환경과의 관계로부터 경험되는 것이기 때문이다.[19] 이런 맥락을 감안하면 휴양형 주거단지가 착공될 서귀포시 예래 지역의 현행 15m로 설정된 고도제한을 240m로 상향하려는 계획은 인접한 중문관광단지의 건물높이(50m 내외)를 고려하지 않을 수 없다.

---

18) 전 세계 주요 마천루의 상세한 정보를 제공하는 사이트(http://skyscraperpage.com)에서 인용.

19) Lynch(1960). 『The Image of the City』 p.1. Nothing is experienced by itself, but always in relation to its surroundings, the sequences of events leading up to it, the memory of past experiences.

4. 제주 섬 경관의 방향모색
- 열대 섬 vs 지중해 섬 경관

섬관광정책포럼은 유사한 관광구조를 공유한 섬과의 상호연계를 모색하고자 제주도의 주도로 1997년 발족된 기구이다. 일본의 오키나와(Okinawa), 중국의 하이난(Hainan), 인도네시아의 발리(Bali)와 더불어 4개국 회원으로 시작한 섬관광정책포럼에는 2008년 기준 8개 회원국이 참여하고 있다. 제주도를 제외한 3개 창설회원국이 열대기후의 섬으로 분류 가능한 것처럼 하와이(Hawaii)라든지 카나리아군도(Canary Islands) 등의 후속 회원국도 사실상 겨울이 존재하지 않는 열대의 섬이다. 이러한 점을 염두에 두면 섬관광정책포럼 가입국 중 뚜렷한 4계절이 형성된 유일한 섬인 제주도가 지향하는 이미지는 열대 휴양형 관광지이다.

열대성 기후조건으로 연중 일광욕과 해수욕, 그리고 다양한 해양레저스포츠 활동이 가능한 섬 관광지를 방문한 관광객은 최대한 해변과 인접한 공간에서 숙박하는 걸 선호한다. 이처럼 해변공간을 선호하는 관광욕구의 충족은 수백 미터 높이의 마천루 호텔 건립으로 가능한 것처럼 보이지만 오히려 욕구불만족 증대라는 부정적 상황에 직면하게 된다. 즉 일정 수준의 고도에서 조망하는 해변경관은 관광수요의 충족뿐만 아니라 관광공급 관점의 수익성도 증대된다. 그러나 주위환경과 부합되지 않는 높이로 건립된 호텔로는 자연성을 체험하고자 하는 관광욕구를 충족할 수 없는 관계로 욕구불만족이 발생하게 된다.

열대 해변의 이미지를 훼손하지 않는 범위 내에서 관광수요를 충족시킬 수 있는 호텔의 높이는 마의 수(magic number)와 다를 바 없다. 섬 고유의 환경으로 모든 섬에 적용 가능한 공식은 산출할 수 없는 관계로 유사한 환경의 사례를 타산지석으로 삼는 것이 현실적인 대안이다. 이런 맥락에서 제주도의 벤치마킹 대상으로 적절한 대상은 유사한 관광구조를 공유하고 있는 섬관광정책포럼에 가입한 섬이다.

자의 반 타의 반 동양의 하와이로 홍보된 전력을 감안하면 하와이는 제주도의 벤치마킹 대상으로 손색이 없다.[20] 전 세계를 통틀어 인지도 및 선호도 측면에서 견줄 수 있는 사례를 제시하기 어려운 와이키키 해변은 관광객이 꿈꾸는 이상적인 장소이다. 그러나 와이키키 해변에서의 숙박을 선호하는 연간 7백만 명의 하와이 관광객의 수요를 충분히 충족할 수준에는 미달한 100m 내외 높이의 호텔이 건립되어 있다. 수요충족의 관점이라면 평균 300m 이상의 초고층 호텔이 건립되어야 하지만 열대 섬의 이미지와 부합되는 욕구충족의 관점에서 호텔고도를 100m 내외로 제한한 것이다.

1만 8천 신(神)의 이미지를 승화시키고자 하는 제주도에서는 오

---

20) 제주신문(1967/07/08). ≪東洋의 하와이, 尨大한 觀光開發計劃≫.

래전부터 이상적인 대상으로 발리의 이미지에 주목해 왔다. 하와이와 마찬가지로 발리에서도 연중 해변에서의 활동이 가능하지만 100m 내외의 마천루를 허용한 하와이와는 달리 발리에서는 대략 15m 높이 이상의 숙박시설 건립을 허용하지 않고 있다. 최고 고도가 명확한 수치(m)로 명문화된 것이 아니라 고도제한의 기준이 코코넛 나무 높이인 관계로 대략 15m 이하의 건축물에 한해 건립이 허용되고 있다. 이처럼 자연경관이 훼손되지 않는 건물고도를 코코넛 나무 높이로 제한한 관계로 장소에 따라 4층 또는 5층 높이로 규제하지만 명품 브랜드 불가리(Bulgari)가 참여한 불가리발리 호텔 & 리조트(Bulgari Bali Hotel & Resort)의 사례처럼 세계 최고급 투자가 이뤄지고 있다.

독립왕국의 역사와 오늘날 장수(長壽)의 섬으로 전 세계로부터 각광받고 있는 오키나와도 제주도의 벤치마킹 대상이다. 월평균 기온으로 판단해 보면 연중 평균기온이 22℃ 이하로 내려가지 않는 발리나 하와이와는 달리 평균기온이 15~19℃를 형성하는 1월부터 3월의 오키나와의 해변은 여름과는 사뭇 다른 풍경을 연출한다. 이처럼 연중 해변 이용도가 일정한 하와이와는 달리 비수기가 존재하는 오키나와의 호텔 고도는 80m 내외이다. 2004년 신축된 비치타워 호텔(The Beach Tower Hotel)의 층수와 고도는 24층 81.73m인데 인접한 도심의 최고건물인 D' Grafort Okinawa Tower의 높이인 89.8m와 부합되고 있다.[21]

---

21) 마천루 정보제공 사이트(http://skyscraperpage.com) 참조.

<표 1> 섬 월평균 기온(℃)[22]

	하와이	발리	오키나와	제주도	산토리니
1월	22.8	27.6	15.9	5.6	12
2월	22.8	27.7	17.1	6.0	12
3월	23.5	27.6	19.2	8.9	12
4월	24.2	27.3	21.7	13.6	15
5월	25.1	26.6	24.2	17.5	19
6월	26.4	25.9	26.8	21.2	22
7월	27.1	25.8	28.8	25.7	28
8월	27.7	26.4	28.5	26.5	28
9월	27.5	27.2	26.8	22.7	22
10월	26.8	27.8	24.1	17.8	19
11월	25.4	27.7	21.1	12.6	16
12월	25.3	27.1	18.1	8.0	10

　4계절이 뚜렷한 제주도를 제외한 섬관광정책포럼에 가입한 섬의 이미지는 해변에서의 활동이 전제된 열대 휴양지이다. 해변에서의 활동을 선호하는 관광수요를 충족시키고자 하와이에서는 100m 내외의 고층 호텔을 허용한 반면, 자연경관의 가치를 강조한 발리에서는 코코넛 나무보다 높은 건축물은 규제하고 있다. 연중 평균기온이 발리나 하와이보다 낮은 오키나와에서 건립된 최고층 호텔의 고도가 80m라는 점을 감안하면 해수욕이 가능한 기간이 3개월에 불과하여 이용밀도가 미약한 제주의 해안에 50층 240m의 초고층 건물을 건립하려는 계획은 적절하지 않다.

　제주도가 지향하고자 하는 열대 섬의 이미지 형성은 홍보마케팅으로도 실현이 불가능하다. 열대 섬의 이미지는 인위적으로 만들어

22) 하와이(http://www.average-temperature.com/temps/HI/Honolulu)
　　오키나와(http://www.grandweather.com/japan/okinawa.php)
　　발리(http://www.serenevilla.com/weather/index.php)
　　산토리니(http://www.santoriniweb.com/santorini_climate.html)

진 것이 아니라 자연환경에 순응한 산물인 것처럼 한겨울의 매서운 바람이 몰아치는 제주도의 환경에 적합한 이미지를 도출해야 한다. 이런 맥락에서 섬관광정책포럼에 가입한 열대 섬을 벤치마킹의 대상으로 설정하기보다는 제주환경과 유사성이 높은 지중해성 기후가 형성된 그리스의 산토리니(Santorini) 및 미코노스(Mykonos) 섬이 대안으로 고려될 수 있다.

삼면이 바다로 둘러싸인 한반도와 마찬가지로 반도국가인 그리스 해역에는 크고 작은 4,000여 개의 섬이 형성되어 있다. 산토리니 섬과 미코노스 섬의 평균기온은 지중해성 기후의 영향으로 연중 10℃ 이하로 내려가지는 않지만 해수욕이 가능한 기간은 3개월로 한정된 제주도와 별반 다를 바 없다. 산토리니와 미코노스 섬은 문화유적이 산재한 크레타(Creta) 섬이라든지 아폴론 신의 신탁으로 유명한 델로스(Delos) 섬과는 비교할 수 있는 뚜렷한 문화자원이 빈약함에도 불구하고 수많은 관광객이 방문하고 있다. 이처럼 관광객의 방문동기에 소구하는 매력은 해변활동도 아니며 역사탐방도 아닌 섬 전체의 경관이다.

〈그림 9〉 산토리니 섬 경관

산토리니 섬은 모 음료CF의 촬영배경지로 우리 사회에서도 인지도가 높지만 세계 각지로부터 관광객의 방문이 끊이지 않는다. 이용 가능한 평지가 부족한 단점을 극복하고자 초고층 아파트를 건립한 것이 아니라 경사가 심한 섬의 지세에 순응한 저층의 생활공간이 독특한 섬의 이미지를 형성한 것이다. 그리고 건물외관의 색상을 흰색과 파란색 계통으로 통일하는 규제로 섬의 자연성과의 조화가 가능해지자 세계적인 섬 관광지로 부상하게 된 것이다.[23] 관광객은 도보로 또는 자전거를 임대하여 비좁기 짝이 없는 언덕길을 오르면서 섬 전체를 천천히 둘러본 후 불편하지만 섬의 주택에서 체류하는 걸 선호한다.

그리스의 산토리니 섬의 사례로부터 '작은 것이 아름답다'라는 의미를 깨닫게 된다. 규제철폐를 지상과제로 인식하는 제주도와는

---

23) 차미숙(207). 「해외의 섬 개발정책 사례와 시사점: 그리스 산토리니섬과 이탈리아 카프리 섬을 중심으로」.

달리 건물높이 및 외관색상의 규제로 통일성이 형성된 산토리니 섬은 세계저인 섬 관광지로 성장하였다. 인위적인 대규모 개발을 추진하는 제주도와는 달리 자연환경에 순응하는 생활공간으로 형성된 비좁고 꼬불거리는 산토리니의 길은 세계 각지로부터 순례자를 끌어들인다. 세계자연유산의 섬인 제주로서는 초고층 호텔이 즐비한 하와이의 와이키키 해변이 아니라 코코넛 나무 높이보다 낮은 저층의 고급 빌라로 규제한 발리와 섬의 이미지를 위해 규제를 선택한 산토리니 섬을 벤치마킹의 대상으로 선택해야 할 것이다.

Part Ⅲ. 평화의 섬 제주 이미지

1. 크루즈관광과 관광객 시선
- 평화의 섬 이미지와의 상충 여부

역사적으로 관광의 발전단계를 고찰해 보면 이동수단의 변천과 정과 동일선상에 있다고 평가할 수 있다. 평상시는 문 틈새를 파고드는 뿌연 먼지를 차단해야 하고 우천상황에서는 움푹 팬 웅덩이에 바퀴가 빠지면서 승객을 기진맥진시킨 열악한 도로사정으로 인해 이동수단으로서 마차(馬車)의 전형은 쾌적함과는 거리가 멀었다.[24] 일반적으로 탑승인원 정원이 4~6명으로 제한된 마차의 특성상 비교적 장거리 이동이 필요한 관광은 극소수 상류계층에 의해 독점되었지만 철도의 발명으로 패러다임이 전환되었다.[25] 즉 전용 선로를 내달리는 열차의 쾌적성과 신속성, 그리고 저렴한 요금으로 대량탑승이 가능해지면서 1841년 토마스 쿡(Thomas Cook)이 출시한 여행상품은 오늘날 대량관광(mass tourism)의 시초로 평가되고 있다. 1차 및 2차 세계대전으로 일시 주춤한 관광의 성장

24) 리쉬부르크(2003). 『여행의 역사』
25) 쉬벨부쉬(2004). 『철도여행의 역사』

추세는 1970년 상업용 점보제트기인 보잉 747기가 런던-뉴욕 노선에 취항되면서 관광의 패러다임은 또다시 변모하게 되었다.

육상의 이동수단으로서 철도는 크게 관광목적의 고급화 또는 이동목적의 신속성에 주안을 두고 변모해 왔다. 아가사 크리스티(Agatha Christie)의 추리소설 『오리엔트 특급열차 살인사건』의 실제모델인 오리엔트 특급열차(Orient Express)의 주요 고객은 부유한 관광객으로 1891년 첫 운영을 개시한 이후 자동차로의 단거리 관광 및 비행기로의 장거리 관광의 보편화로 한때 운영이 중단되었지만 1989년부터 운영을 재개하고 있다. 일본의 신칸센과 프랑스의 TGV, 그리고 독일의 ICE는 비교적 이동거리가 짧은 중단거리 항공노선과의 경쟁을 염두에 둔 초고속 철도로서 핵심기능은 공간적 이동이다. 이러한 초고속 철도를 제외한 대다수 철도는 이동수단으로서의 경쟁력이 상실됨에 따라 관광목적에 부합되는 새로운 포지셔닝 전략이 채택되고 있다.

철도와 자동차 간의 치열한 경쟁이 벌어진 육상의 이동수단과는 달리 해상에서 이용 가능한 이동수단으로는 여객선 독점이 지속되고 있다. 사실상 유일한 해양 이동수단인 관계로 경쟁으로 촉발된 기술혁신보다는 장거리 여행의 무료함을 해소할 목적으로 오락시설의 고급화를 강조한 여객선의 단면을 영화에서 확인해 볼 수 있다. 1953년도 출시된 영화 <신사는 금발을 좋아한다Gentlemen Prefer Blondes>의 주연배우인 마릴린 먼로(Marilyn Monroe)는 파리로 향하는 여객선 사교시설을 무대로 신사들로부터 열정적 구애를 받는 대상이다. 뉴욕이 목적지인 여객선에서 케리 그랜트(Cary Grant)와 데보라 커(Deborah Kerr)의 사랑을 주제로 한 1957년도 영화<잊지 못할 사랑An Affair to Remember>에서 여객선을 향한 당대 사회의 낭만적 시선을 감지할 수 있다.

1970년 런던-뉴욕 간 항공노선이 개설되면서 해양 이동수단으로서 여객선의 경쟁력은 급속히 감소되었다. 1912년 당대 최고속도의 운항이 가능한 타이타닉호의 대서양횡단 소요예정시간은 7일이었지만 미미한 기술혁신의 결과로 1960년대에도 4~5일이 소요되는 여객선의 이동시간은 8시간의 항공여행과는 사실상 경합이 불가능했다. 1972년 출시된 대표적인 재난영화인 <포세이돈 어드벤처Poseidon Adventure>는 이동수단으로서 항공기가 여객선의 기능을 대체해 가는 전환기의 혼돈이 반영되어 있다. 이처럼 기존 낭만적 이미지와는 대치되는 혼돈의 이미지를 일시적 현상으로 진정시킨 계기는 1977년부터 방영한 미국 TV 드라마 <Love Boat>의 인기에 기인하는 것이다.

미국 ABC방송국에서 1977년부터 1986년까지 10년간 방영된 <Love Boat>는 <사랑의 유람선>이라는 타이틀로 방영된 우리나라를 포함한 전 세계 시청자로부터 높은 인기를 받은 프로그램이다. 기존 영화에서 등장한 여객선의 핵심기능이 이동수단인 반면, 관광목적의 탑승객이 승선한 <러브보트>의 보트란 기존 여객선(passenger ship)과는 별개의 개념인 크루즈선(cruise ship)으로 명명할 수 있다. 이동수단으로서 여객선 탑승객은 대체로 편도노선만 구매하며 제도적으로 왕복노선 구매도 강요받지 않지만 크루즈선 탑승객이 구매한 노선은 사실상 왕복노선이라는 점이 여객선과 크루즈선의 차이점이다. 크루즈선으로서 <러브보트>는 단순한 이동수단이 아니라 그 자체로서 환상적인 관광경험을 가능케 하는 환경이라는 점에서 기존 낭만적 이미지의 부활이며 견고화인 것이다.

1997년에 출시된 영화 <스피드 2Speed 2: Cruise Control>가 관객으로부터 외면받은 요인으로는 크루즈선을 테러리스트와 연계한 시나리오도 일정 부분 영향을 미친 것으로 추정할 수 있고, 1972년 원작을 리메이크한 2006년도 영화 <포세이돈Poseidon>의 흥행 실패도 동일한 맥락에서 설명할 수 있다. 즉 크루즈선으로부터 연상되는 이미지인 사랑과 낭만, 즐거움과 환상에 대치되는 암울한 이미지의 크루즈선을 상상하기조차 거부하는 심리적 반발이 영화 평가에 반영된 것으로 볼 수 있다.

크루즈선에 탑승한 관광객은 낭만적 이미지의 기항지(寄港地)를 연상하면서 도착 후 환상적인 관광경험을 기대한다. 제주도가 기항지로 포함된 크루즈선에 탑승한 관광객은 첫째, 전형적인 '섬'의 이미지를 연상하고 둘째, 세계에서 유래를 찾기 어려운 '평화의 섬'에 대한 호기심을 표출하고 셋째, '세계자연유산' 보유지로서의 아름다운 자연경관을 연상할 것이다. 크루즈선이 접안할 민군복합 항구가 가시권에 들어오면 차가운 금속재질의 전함에 반사된 햇빛의 눈부심으로 잠시 눈을 감은 후 바라본 항구 어디에도 아름다운 요트와 소형 어선은 정박되어 있지 않다. 어구를 손질하는 어부와 물놀이하는 어린이를 찾을 수 없어 어리둥절해하는 관광객을 원거리 망루에서 호기심 어린 눈길로 흘겨보는 초병의 시선은 감시카메라의 렌즈와 묘한 조화를 이룬다. 대형관광버스가 대기하는 장소로 이동하는 와중에 곳곳에서 들려오는 'No Picture'(사진촬영금지)라는 외침을 뒤로 하고 버스 창밖으로 바라본 담장에 부착된 'No Trespassing'(출입금지)라는 표지에 심리적인 위축이 나타난다.

진주만에 소재한 태평양함대사령부의 존재 자체가 관광목적지로서의 하와이의 이미지에 별반 영향을 주지 못하는 것처럼 향후 제주도에 해군기지가 건설되더라도 관광목적지로서의 제주의 이미지는 유지될 것이다. 즉 이른바 '평화의 섬'과 해군기지는 양립 가능한 개념으로 평가되지만 민군복합항에 기항한 크루즈 관광객 관점으로는 오히려 상충되는 개념으로 인식할 수 있다. 관광객 관점에서 제주의 해군기지는 매력적인 관광지로 인식될 수도 없고 국가시설의 특성상 출입통제구역으로 인식하므로 '평화의 섬'과 해군기지는 양립 가능하지만, 해군기지의 맨 가장자리에 크루즈선이 접안함으로써 의도치 않은 군사시설을 방문하게 된 크루즈 관광객 관점에서 '평화의 섬'과 해군기지는 상충되는 개념으로 인식할 것이다. 하와이에도 해군기지가 존재하지만 그렇다고 크루즈선이 항공모항 옆에 접안하지도 않으며 또한 접안할 수도 없는 관계로 관광목적지로서의 하와이 이미지에 별반 영향을 미치지 못하는 것이다.

'평화의 섬'과 '세계자연유산'의 섬으로 홍보된 제주의 이미지는 크루즈선 관광객의 낭만적인 시선과 일치한다. 크루즈선이 민군복합항구에 접안하는 순간부터 관광객의 기대심리가 좌절과 불만, 그리고 분노의 감정으로 전환되면 제주의 이미지는 회복 불가능한 나락으로 떨어지게 될 것이다. 이러한 문제점을 충분히 인식하고 있는 크루즈 선사로서는 선택대안이 존재하는 상황에서 민군복합항항구에 기항할 의향은 없을 것이다. 즉 7만 8천 톤급의 로열캐러비언 랩소디호 기항이 가능한 제주항을 폐쇄한다고 가정해도 민군복합항구에 기항하기보다는 제주를 제외한 새로운 기항지로 발길을 옮길 확률이 높아질 것이다.

2. 제주해군기지조성의 배경과 조건
- 신공항 건설과 평화대공원사업과의 연계

전 지구적 이상기후의 발생빈도가 증가하면서 극심한 가뭄과 홍수 또는 폭설로 인해 고귀한 인명희생과 재산손실의 피해로 고통받는 이재민들의 생생한 영상이 텔레비전의 일상적 뉴스소재로 정착화되고 있다. 그리고 사상최대의 기록을 경신하는 초강력 태풍과 허리케인의 내습이 전 지구적 환경재앙의 전조로 인식되면서 세계흥행에 성공한 <투모로우The Day After Tomorrow, 2004>와 더불어 前 미국 부통령인 엘 고어(Al Gore)가 출연한 환경영화 <불편한 진실An Inconvenient Truth, 2006>은 2007년 아카데미 장편다큐멘터리 부문을 수상하였다. 신비한 오즈의 나라로의 여행을 가능케 한 회오리바람의 낭만적 이미지는 소멸되고 텔레비전의 뉴스영상뿐만 아니라 영화 스크린에서도 인간을 파멸시키는 무시무시한 자연재해의 이미지로 대체된 지 오래이다.

환경재난을 초래할 근본요인으로 지적된 지구 온난화 현상으로 한반도에서도 열대성 질병인 말라리아의 토착화가 진행되고 있고 치사율이 20%에 육박하는 뎅기열의 발병 가능성도 제기되고 있다.[26] 일정 수준 과장되고 오도된 측면도 존재하지만 지구 기온의 상승으로 극점을 포함한 세계도처의 빙하가 녹아내리면서 멸종의 위기에 직면한 북극곰의 사례처럼 생태계의 교란이 불거진 건 분명한 사실이다.[27] 북극의 얼음이 해빙되면서 한편으로는 생태적 위험이 가중되고 있지만 또 다른 측면에서는 수세기 간 탐험가들이 개척하고자 한 유럽과 아시아를 연결하는 북극항로의 개설이 현실화되게 되었다.[28]

동북아시아의 부산항에서 출항한 선박이 수에즈 운하를 통과한 후 21,000㎞ 이격된 유럽의 물류중심항구인 로테르담에 도달하는 데 소요되는 시간은 24일이지만, 북극항로를 이용한다면 이동거리는 12,700㎞이고 소요시간도 14일로 단축될 수 있다. 이동소요시

---

26) 시사저널(2008). 980호. 《재앙 부르는 기후변화 '질병지도'도 바꿨다》 국내 뎅기열 발병환자 수는 2001년 6명에서 2007년도에는 97명으로 증가하였지만 모두 해외여행지에서 발병한 것으로 판명되어 국내에서의 발병 사례는 없는 것으로 조사되었다. 그러나 세계보건기구(WHO)에 의하면 뎅기열 발병의 위험지대는 제주도 남방해역까지 확대된 것으로 나타나 한반도의 뎅기열 상륙시점은 지구온난화 추이에 좌우될 것으로 전망되고 있다.

27) 스펜서(2008). 『기후 커넥션』 p.66. 지구온난화에 대한 특별 프로그램이나 영화에서 지구온난화 때문에 북극곰이 익사하고 있다는 영상은 감정과 지각을 압도한다. 그러나 대다수 기자들은 최근 몇 십 년 사이에 북극곰의 개체 수가 크게 늘었다는 사실을 언급하지 않는다. 고어의 영화 제작자들은 얼음이 녹아 북극곰이 곤란을 겪고 있는 장면이 촬영된 실제 영상을 찾을 수 없어 컴퓨터 애니메이션으로 얼음이 없는 바다에서 헤엄을 치는 불쌍한 곰을 만들어 냈다고 한다. 기상전문 연구자로서 저자는 지구온난화 자체를 부인하는 것이 아니라 기득권을 지닌 과학자와 정치인, 그리고 이에 영합한 언론의 상호작용으로 과학적 토대도 거의 없이 대중으로 하여금 지구온난화가 파멸을 가져올 것이라는 과장된 믿음을 심어주는 점을 우려하고 있다.

28) 러브록(2008). 『가이아의 복수』 p.95. 환경주의자인 러브록은 북극해와 그린란드에서 급속히 진행되는 해빙현상을 부정적으로 인식하고 있지만 개발주의자의 관점도 가치중립적으로 평가하고 있다. 즉 조만간 북극항로의 개설로 해운의 효율성 증가가 가능하고 무엇보다도 시베리아와 캐나다 북부의 툰드라 불모지에도 식생이 가득해지고 바닷말이 우글거리는 넓어진 북극해는 미래의 어업중심지로 부상할 가능성을 열어두고 있다. 이런 점에서 러브록이 견지하는 입장은 지구온난화의 위험성을 과장하는 극단적인 환경주의자와는 다르다.

간이 한 달에 육박하는 현행 항로의 중간지점에 위치한 싱가포르와 홍콩이 중개무역항구로서의 이점을 누리고 있지만 북극항로가 개설된다면 부산항은 유럽과 아시아를 연결하는 허브항만으로서의 발전 가능성이 매우 높아지게 된다. 즉 초대형 선박의 동시접안이 가능한 부두시설과 환적 화물의 신속한 하역처리가 가능한 대규모 야적 시설에 대한 투자가 선행된다면 중개무역항으로서의 필요조건이 충족될 수 있다.

새로운 항구의 조성에는 막대한 예산과 완공시점까지 장기간이 소요되는 관계로 기존시설의 기능을 최대화하는 방안이 효율적이다. 군용목적으로 할당되어 국군부두로 알려진 부산항 제8부두의 6개 선석 중 2개 선석은 2006년 부산항만공사로 이관되었고, 국군과 미군이 공동 관할하는 4개 선석도 환적 물동량이 급증한 상황에서는 필요시 일반선박의 접안과 하역을 허용하고 있다. 이처럼 포화상태 직전의 부산항의 처리능력 개선이 전제되지 않고서는 향후 중개무역항구로서의 발전을 기대할 수 없다는 점에서 미군물자사령부가 관할하는 12,000평의 미군전용선석과 66,000평의 미8군 보급창의 이전은 시기의 문제일 뿐 불가피한 것으로 보인다.

부산항 제8부두의 2개 선석을 선뜻 양도한 국군과 해경과는 달리 우리나라가 맺고 있는 미군과의 특수성을 감안하면 일방적인 퇴거를 통보하는 건 불가능하며 새로운 이전대상지를 물색해 줄 수밖에 없다. 서울 용산에 주둔 중인 미8군 주둔지가 평택으로 이전하면서 미군물자사령부의 이전대상지로 논의 중인 항구로 평택항이 거론되지만 지역사회의 반발에 부딪치고 있다. 평택항은 군용물자를 선적한 중소형 함선의 입출항에는 지장이 없겠지만 조수간

만의 차이가 심한 서해의 특성 및 인접한 중국영해를 경계로 군사적 긴장감이 초래될 개연성으로 인해 항공모함의 기항이 가능한 입지로는 부적절하다. 이러한 전후사정을 감안하면 한국정부와의 협상으로 미군물자사령부를 부산항에서 평택항으로 이전시킨다고 해도 항공모함의 기항이 가능한 새로운 항구를 별도로 제공할 수밖에 없다.

서해의 지정학적 특수성으로 항공모함 기항지로서의 입지조건이 적절하지 않은 것과 동일한 맥락에서 북한을 자극할 개연성이 높은 동해에서의 항공모함 기동 가능성도 극히 희박하다. 리아스식 해안의 지리적 특성이 반영된 양식장이 도처에 설치되어 있고 소규모어선의 입출항이 빈번한 남해에서도 항공모함의 기항지로 적합한 항구를 발견하기 어려운 상황을 감안하면 제주는 항공모함 기항지로서 최적의 입지가 형성된 지역이다. 양식장 등의 인위적 장애물이 없는 제주의 남부해상은 미태평양함대사령부 소속 항공모함의 입항에 최적의 조건을 구비하고 있고, 총 3척이 건조될 이지스함(aegis)의 작전반경범위를 감안해 보면 기존 해군기지를 제외하고 최소한 1척 이상의 이지스함이 기항 가능한 모항(母港)으로 제주 이외의 대안입지를 찾아보기 어렵다.

대한민국의 대통령이 '평화의 섬'으로 공식 선언한 제주에 새로운 군사기지를 조성하는 계획은 국가 공신력을 훼손하는 것이고 군사보호구역이 해제되는 추세와도 역행되는 것이다. 군사기지와 관광이미지와의 상생의 근거로 제시된 하와이나 괌, 그리고 오키나와에서 운영되는 해군기지의 조성은 관광목적지로 부상되기 이전 시점인 2차 세계대전 전후였기에 가능한 반면, 일정 수준 평화로운 관광휴양 이미지 형성에 성공한 제주에 해군기지를 조성하는 건 별개의 개념으로 다뤄져야 한다. 국가전략상 해군기지 건설이 불가피하다면 직접영향범위에 거주하는 지역주민이 만족할 수준의 충분한 보상이 선행되어야 하고 이미지 상충의 피해에 직면한 제주 전체 사회에 대한 보상도 요구되어야 한다. 해군기지의 가장자리에 크루즈 선박 기항을 허용하는 민군복합항 방안으로는 지역사회의 경제적 편익을 기대하기 어려울 뿐만 아니라 제주사회에 기여하는 비중도 미미할 뿐이다.

현존하는 세계최대 크루즈선박의 접안이 가능한 15만 톤 규모의 선석 조성계획은 항공모함 입항이 전제된 것으로 보인다. 낭만적인 이미지를 기대하는 중상류 계층의 관광객이 탑승한 초호화 크루즈 선박을 해군기지의 구석에 취항시킬 선사(船社)는 사실상 존재하지 않을 것으로 판단되고, 8만 톤급 접안이 가능한 크루즈 전용부두가 2011년 완공을 목표로 제주외항에 건설되고 있다는 점을 감안하면 이용 가능한 선박유형은 항공모함으로 제한된다. 2003년 660만 명의 크루즈관광객을 유치한 멕시코 정부에서 일반관광객보다 저조한 관광지출비용을 근거로 크루즈관광객에게 별도의 세금을 부가하려는 시도에서 파악할 수 있듯이 크루즈선박 취항으로 파생될 경제적 효과를 기대하기란 어려울 것이다.[29] 결국 해군기지의 반대급부로 제시된 15만 톤급 크루즈선박의 접안이 가능한 민군복합항으로는 지역사회뿐만 아니라 제주 전체 사회의 발전을 위한 촉매제로 활용될 수 없다.

해군기지 조성의 보상방향은 지역사회의 경제적 편익을 극대화

---

29) Economist(2004), 《The Americas: Safe Haven Tourism in Mexico》

하는 동시에 제주도 전체 관점에서는 시급한 당면과제의 해결이 연계되어야 한다. 사람과 상품, 자본의 원활한 이동이 전제되어야 하는 국제자유도시로의 발전을 추진 중인 제주로서는 수용능력이 한계에 도달한 제주국제공항을 보완할 신공항 건설이 조기에 착공되어야 하지만 예산확보를 빌미로 논의단계에 머물고 있다. 따라서 제주사회의 새로운 전환점이 될 수 있는 신공항 건설을 문서화한 후 출발대합실 내 50평 남짓의 제주상품 판매점 시설의 운영권한을 해군기지가 입지한 지역사회 주민자치위원회에 할당하고, 협의 후 신규인력 채용과정에서 일정한 가산점 부여도 검토될 수 있다.

평화의 섬 이미지와의 상충이 불가피한 해군기지 조성의 부작용 저감(低減)을 위해서는 입지에 대한 재검토가 필요하다. 유네스코 지정 세계자연유산으로 등재된 제주의 천혜환경은 보전이 전제되므로 환경훼손을 초래하고 주변수역의 생태계 교란이 불가피한 새로운 항구 건설 방식보다는 생태적 적응이 완료된 기존항구를 개보수하는 방식이 바람직하다. 그리고 평화대공원 예정부지로 고시된 지역에는 강제노역으로 조성된 일본군 진지와 방공호, 알뜨르 비행장, 육군 제1훈련소 등이 산재되어 있지만 실제 전투가 벌어진 교전장소(battlefield)가 아닌 관계로 뚜렷한 구심점이 부각되지 않았고, 육군과 공군 관련 전적지는 존재하지만 해군의 시설물은 누락되어 있다. 따라서 해군기지의 입지여건을 평화대공원사업의 구심점과 연계한다면 부정적 영향은 최소화될 수 있으며 중문관광단지에 위치한 제주평화센터 건물을 민간에 박물관 용도로 매각한 후 평화대공원부지로 이전한다면 시너지 효과 창출이 가능해질 것이다.

국책사업 입지선정을 둘러싸고 지역사회의 극심한 갈등이 표출된 대표적 사례인 방사성폐기물처리장(방폐장)의 최종입지는 주민투표에 의해 결정되었다.[30] 혐오시설 유치의 조건으로 제시한 보상이 충분하다고 인식된다면 기존 행정기관 주도의 하향방식으로부터 내발적 발전이 가능한 상향식으로의 변모 가능성이 확인되었으므로 해군기지 입지예정지를 여론조사로 결정한 방식의 문제점을 인정하고 민주적인 주민투표로 최종입지를 재선정해야만 갈등해소가 가능해질 것이다.

---

30) 1992년도에 발효된 유해폐기물의 국가 간 이동을 사실상 금지한 바젤협약으로 제3세계 국가에 일정대가를 지불한 후 방사성 폐기물을 처분하던 관행이 불가능해지자 대안모색이 불가피해졌다. 원자력발전 의존도가 높은 프랑스 이외의 유럽연합 국가 중에서는 원자력발전을 포기하는 정책을 채택한 사례도 있지만 화석연료 사용량을 감축해야 하는 우리나라로서는 원자력발전 이외의 현실적인 대안모색은 어려운 실정이다. 그러나 극심한 입지갈등으로 표류한 방폐장 건립사업은 부안군수 폭행사건을 계기로 주민투표라는 새로운 갈등해소 방식이 채택되었다. 이처럼 공공갈등관리의 가능성이 제시된 부안군 방폐장 갈등에 주목한 학술연구로는 홍성만(2007), 방폐장 유치를 반대한 지역주민 관점의 연구로는 고길섶(2005) 참조.

3. 관광미항의 이미지와 발전전략

- 랜드마크 건물과 내국인 면세점 연계

광활한 대륙과 연결되어 있는 북방을 제외한 3면이 바다로 둘러싸인 지정학적 특성에도 불구하고 청해진을 무대로 동북아시아 해상무역을 관장한 신라시대의 장보고와 세계해전사의 한 페이지를 장식한 이순신 장군 이후 무역뿐만 아니라 군사 측면의 해양문화는 침체상태를 벗어나지 못하고 있다. 고갈이 임박한 육상의 부존자원과는 달리 탐사기술수준의 획기적 발전 및 경제성이 확보되면서 부존자원이 전무하다시피 한 우리나라에서는 동면상태의 해양문화를 집중 육성함으로써 해양자원을 선점하려는 강대국과 어깨를 나란히 하고자 한다. 그러나 세계 최대수준의 경제력뿐만 아니라 막강한 해군력이 배후에 있는 일본과 중국의 틈바구니에서 배제되지 않으려면 힘의 균형이 전제되어야 한다는 점에서 국가적 차원에서 최적입지에 해군기지 조성을 추진하고 있다.

해군기지 조성의 최적입지로 선정된 제주는 사람과 상품, 자본의 자유이동을 보장하는 국제자유도시로의 발전을 모색한다는 점에서 민간인의 통제가 불가피한 군사기지의 조성은 국제자유도시의 기본취지에도 부합되지 않는다. 15만 톤급 크루즈 기항이 가능한 2개의 선석을 조성하는 이른바 民軍복합항 계획으로 민간인 출입을 불허하는 통제구역이 최소화된 것처럼 보이지만 실상 거대한 접안능력으로 인해 중소형 민간선박 출입이 사실상 원천 배제되어 군사통제 목적이 강화되었다는 점이다. 즉 평균 규모가 수십 톤에서 수백 톤 내외에 불과한 관광낚시전용 어선이라든지 레저용 요트 또는 유람선이 입출항하는 항구로서 15만 톤급 초대형 선박의 접안을 고려한 선석은 부적절한 관계로 크루즈선박을 제외한 일반 민간선박의 이용은 애초 배제된 것이나 다름없다.

크루즈선박의 이용활성화가 전제되지 않고서는 民軍복합항이 사실상 軍전용항으로 전환되면서 국제자유도시의 기본이념인 사람의 이동자유가 훼손될 뿐만 아니라 무엇보다도 지역사회의 경제적 파급효과의 축소가 불가피해진다. 이러한 예상되는 부작용을 미연에 방지하기 위해서는 전술한 바처럼 크루즈선박 이용활성화가 전제되어야 하는데 한국개발연구원KDI에서 수행한 예비타당성 분석에 의하면 제주방문 전체 크루즈선박의 70%가 民軍복합항에 기항하는 반면 30%만이 제주외항의 크루즈전용선석을 이용할 것으로 제시되었다. 언론보도를 종합해 보면 7:3으로 제시된 民軍복합항과 제주외항 크루즈전용선석 이용비율의 근거로는 외국관광객이 선호하는 지역비율이 반영된 것으로 기사화되었다.

한국개발연구원에서 수행한 용역보고서가 비공개된 관계로 단편적인 언론보도를 재구성해 보면 제주를 방문한 외국관광객을 대상으로 서귀포시와 제주시라는 2개 권역 중 선호하는 지역을 선택하도록 한 설문조사 결과 7:3의 비율이 도출된 것으로 보인다. 이러한 설문조사 방식의 잠재적 문제점은 첫째, 설문조사의 장소 둘째, 표본추출의 방식 셋째, 설문응답대상의 대표성 넷째, 설문문항의 설계 등 조사전반의 차원에서 제기될 수 있다. 친숙한 일상거주지를 일시적으로 벗어나 낯선 관광목적지를 방문한 외국관광객으로서는 공간인식의 혼란으로 인해 현재 본인이 위치하고 있는 지역을 기준점(anchor point)으로 간주하여 심리적 안정감을 느끼게 된다.[31] 따라서 설문조사의 장소와 선호 지역의 일치비율이 높다고 추정할 수 있는 관계로 설문조사가 제주시와 서귀포시에서 동등한 비율로 수행되지 않고 서귀포시에서 보다 많은 설문조사가 이뤄졌다면 서귀포시 선호비중이 70%인 점이 설명될 수 있다. 이러한 우려를 해소할 수 있는 유일한 방안은 분석된 설문지 전체 원본을 공개하는 것이다.

2006년 제주를 방문한 전체 외국관광객의 38%를 점유한 일본관광객과 중국과 대만, 그리고 홍콩 관광객을 중화권 관광객으로 개념화한 비율인 44%를 합산하면 제주방문 외국관광객 시장의 82%는 일본과 중화권 관광객이고 유럽 및 미주 지역 비율은 미미한 수준이다. 이러한 외국관광객 구성비를 감안하면 설문조사의 대상

---

31) Gifford(1997). 『Environmental Psychology』 p.40. 공간인지 관련 연구를 종합해 보면 우리는 랜드마크를 이용하여 공간을 체계화한다고 한다. 우리가 공간에서 현재 위치를 파악하려고 고층건물이나 교차점 등의 인공물뿐만 아니라 언덕 등의 자연지형물을 이용한다면 모두 랜드마크인 셈이다. 이처럼 개개인의 차이 및 상황적 요인까지 작용하다 보니 랜드마크의 개념이 모호해지면서 대안용어로 기준점(anchor point)이 제시된 바 있다. 즉 랜드마크로부터 연상되는 의미가 주로 시각적 측면이 강조되지만 주로 촉각과 청각에 의존하는 장애인의 공간인지 능력도 정상인과 별반 다르지 않다. 또한 정상인의 공간인지 능력도 시각에만 의존하는 것이 아니라 특히 후각적 감각을 활용한다는 점에서 랜드마크라는 용어보다는 기준점이 바람직하다.

범위도 사실상 일본과 중화권 관광객으로 제한된 것으로 추정된다면 세계크루즈시장의 주요 고객인 북미와 유럽국적 출신이 배제되었으므로 실질적인 표적 시장에 대한 조사가 누락되게 된다. 그리고 관광활동반경이 광범위한 육상에서의 관광활동과는 달리 고립된 크루즈선박의 협소한 공간에서 관광활동과 숙박을 동시에 해결하는 크루즈관광은 대표적인 특수목적관광(Special Interest Tourism)이라는 점에서 일반관광형태와는 확연히 구분된다. 따라서 제주를 방문한 일반관광객을 대상으로 설문조사가 수행되었다면 크루즈관광 예측근거로서의 활용 가능성은 제한될 수밖에 없다.

이탈리아의 나폴리와 호주의 시드니, 그리고 브라질의 리오데자네이루는 공신력 있는 국제기구에서 선정하지 않았음에도 불구하고 세계 3대 미항으로서의 이미지로 인식되는 것처럼 크루즈선박이 정박하는 항구 자체가 중요한 관광매력요인으로 인식된다. 국가차원에서 크루즈산업육성을 지원하는 아시아 국가들이 증가하는 현실에서 크루즈선박이 기항하는 항구의 이미지는 해당 관광목적지의 첫 인상을 좌우하는 관문으로서 차별화 전략이 집중되는 부문이다. 이러한 정황을 감안하면 제주를 방문한 외국관광객을 대상으로 선택 가능한 기항지로서 제주시의 크루즈전용선석과 서귀포시의 民軍복합선석을 제시하는 것이 객관적인 설문문항 설계일 것이다. 그럼에도 불구하고 현행 선호하는 지역을 질의하는 설문문항의 조사결과 서귀포시의 선호비율이 70%라는 점을 인정해도 제주외항에 정박한 크루즈관광객이 서귀포시에 도달하는 데 소요되는 시간은 1시간 내외에 불과하고, 이동 과정에서 조망할 수 있는 제주의 자연경관 자체가 매력적인 관광자원이라는 점에서 제주시와 서귀포시를 구분할 필요성은 설득력이 낮아진다.

낭만적인 이미지를 기대하는 크루즈관광객으로서는 제주외항의 크루즈전용선석이 선택 가능하다면 民軍복합항을 기항지로 선택하지는 않을 것이다. 제주특별자치도의회의 행정위원회에 출석한 이경창 해군기지사업단장이 크루즈선 입항횟수가 연 5~6회에 불과하여 군사작전 수행에 큰 영향을 주지 못할 것이라고 답변한 바처럼 크루즈선박 기항으로 지역사회와 제주도에 미칠 경제적 파급효과는 측정조차 무의미한 수준일 것이다. 이러한 문제점으로 크루즈관광객과는 별도로 연간 500만 명을 상회하는 일반관광객을 民軍복합항으로 유인할 수 있는 매력요인 조성은 재론의 여지가 없지만 문제는 제시된 방안의 타당성과 효율성에 대한 의구심이 제기될 수 있다는 점이다.

크루즈터미널이 조성될 크루즈Zone의 부대시설로 제시된 '명품관'의 실현 가능성은 극히 회의적이다. '루이비통'이나 '에르메스', '아르마니'처럼 우리 사회에서 높은 인지도가 형성된 브랜드의 매장은 수요시장과 입지분석을 토대로 백화점 명품관 또는 고급쇼핑거리가 형성된 일부 지역에 한해 개설되므로 군사기지의 한편 구석에 자사 브랜드의 입점을 허용할 명품브랜드는 존재하지 않을 것이다. 그리고 '루이비통' 매장의 실내 인테리어 전체 비용의 50%인 25억 원을 부담한 명품전용 백화점 '에비뉴엘'의 사례[32]를 감안하면 10개의 명품브랜드 매장개설에 소요될 추가비용인 250억 원과 149억 원으로 책정된 크루즈터미널 공사비용을 비교해 보면

---

32) 한국일보(2005/09/22). ≪롯데百 에비뉴엘 '루이비통 효과' 톡톡 – 매장 입점 후 매출 20% 늘어≫

'명품관'의 실현 가능성은 극히 낮을 것이다.

퇴역한 해군함정을 재활용할 것으로 추정되는 '함상공원'의 전망도 낙관적이지 않다. 총 사업비 748억 원이 투입될 제주평화대공원 사업의 규모 측면뿐만 아니라 일본군 진지와 알뜨르 비행장처럼 역사성에 근거하는 점과 비교해 보면 차량으로 20분 이내 도달 가능한 '함상공원'의 존재는 상쇄될 개연성이 높다. 크루즈Zone의 부대시설로 제시된 '푸드코트'와 향토체험Zone의 부대시설인 '토속식당', 그리고 해양관광Zone의 부대시설로 제시된 'seafood 거리'의 공통점은 음식점으로 치열한 내부 경쟁뿐만 아니라 성황 중인 기존 음식점과의 외부경쟁에서도 생존 가능성이 극히 낮아질 것이다.

크루즈전용선석이 조성될 제주외항을 포함한 동북아시아 일대 민간항구와의 비교열세에 놓인 民軍복합항의 경쟁력 향상방안은 크루즈관광객의 첫 인상을 결정하는 크루즈터미널의 차별화를 모색하는 것이다. 즉 수속절차와 기본적인 편의시설의 배치를 강조하는 모더니즘 건축의 기능적 사고방식을 벗어나 건물 자체가 랜드마크(landmark)로 인식되는 포스트모더니즘의 심미적 경향이 채택되어야 한다.[33] 세계 3대 미항의 반열에 시드니항이 포함될 수 있었던 중요한 영향변수는 오페라하우스의 디자인이고, 쇠퇴해 가는 스페인의 빌바오시를 회생시킨 요인도 구겐하임(Guggenheim) 미술

---

33) 피셔·벨·바움(2001). 『환경심리학』 pp.391–393. 1954년 미국 세인트루이스 도심에 완공된 Pruitt–Igoe 주택사업은 빈민촌을 철거하여 물리적으로 개선된 주거공간 제공을 목적으로 진행되었다. 이 사업으로 12,000명의 빈민들이 재배치된 2,762개 동의 아파트를 포함한 11층짜리 43개 건물은 Architectural Forum지에서 '낭비된 공간'을 없앴다는 찬사를 받은 바 있다. 그러나 기능적으로 낭비된 공간 자체를 없앤 설계로 인해 하층민들 사이에서 중요한 역할을 할 수 있는 비공식적 사회연결망이 와해되면서 아파트의 황폐화는 가속화되었다. 결국 1972년부터 2년 이내에 모든 건물이 폭파해체된 역사적 사건을 찰스 젱크스(Jencks)는 모더니즘 건축의 사망인 동시에 포스트모더니즘의 시작으로 간주하였다.

관의 미학적 디자인에 기인한다. 따라서 크루즈터미널 조성비용으로 책정된 149억 원의 예산범위로는 기능중심의 건물을 지향하고 있는 관계로 예산규모를 500억 원 이상으로 확대한 후 국제현상설계공모를 통해 심미적 디자인의 크루즈터미널로 조성되어야 한다.

제주의 새로운 랜드마크로 부상할 크루즈터미널을 배경으로 사진촬영을 하는 일반관광객의 행렬이 끊이지 않을 것이다. 그러나 크루즈터미널을 제외하고는 제주 전역에서 흔히 볼 수 있는 향토음식점만이 즐비한 民軍복합항의 분위기는 '제주다움'과는 괴리가 있기에 사진촬영 직후 관광객의 발길을 재촉할 것이다. 체류시간의 연장이 전제된다면 관광객의 향토음식점 이용횟수도 증가할 것으로 예측되므로 실현 가능성이 희박한 '명품관'의 대안으로 '내국인 면세점'이 설치되어야 한다. 차량으로 15분 이내 이동 가능한 중문관광단지의 컨벤션센터에 내국인 면세점이 운영된다면 크루즈Zone의 '명품관'뿐만 아니라 향토체험Zone의 부대시설로 제시된 '특산물판매장'을 포함한 모든 유형의 쇼핑판매시설의 실패가 예견되므로 지역주민 주도의 향토음식점 운영의 존폐도 명약관화한 것이다. 따라서 크루즈터미널에 내국인 면세점을 우선 도입하여 쇼핑관광의 명소로 활성화한 후 크루즈관광객이 증가하면 외국인 면세점 유치도 연계될 수 있을 것이다.

4. 기동성의 관점에서 조망한 제주해군기지 입지여건
- 극한 대결구도의 강요

동서고금을 막론하고 적군보다 유리한 고지를 선점하는 기동성
(機動性)은 군사전략의 기본전제로 유지되고 있다. 수적 절대 우위
에도 불구하고 이집트 왕정과 페르시아 제국의 군대는 팔랑크스
(phalanx)로 명명된 알렉산더(Alexander)의 보병대오가 발휘하는 파
괴력을 감당할 수 없었다.[34] 이처럼 방패와 창으로 무장한 마케도
니아의 보병이 절대무적의 군대로 승승장구할 수 있었던 이면에는
당시로서는 혁신적인 기마부대가 적군의 대오를 사분오열시켰기에
가능하였던 것이다. 알렉산더 대왕 사후 알프스를 횡단하여 이탈리
아로 진격한 한니발(Hannibal)의 코끼리 부대 이동속도는 기병보다
뒤처지지만 심리적으로 위압된 로마의 군대를 충분히 제압할 수

---

34) 나나미(1996). 『로마인 이야기2』 중 「알렉산드로스 대왕과 한니발」 참조. 『로마인 이야기』
에는 세계사의 한 획을 그은 주요 전투를 상세히 설명하고 있다. 수적 열세에도 불구하고
로마군을 연파할 수 있었던 배경에는 중무장 보병이 주축인 로마군과는 달리 뛰어난 기마
부대를 산하에 둔 한니발의 기동우위 전략에 기인한다. 이처럼 기마부대를 활용한 전략이라
는 점에서 로마인과는 직접적인 관련이 없지만 알렉산더 대왕의 기동전술을 상세히 소개하
고 있다.

있었다.

알렉산더의 기마부대 운영과 한니발의 코끼리 전술로부터 교훈을 얻은 로마군대의 선택은 전차부대의 운영이다. 이러한 기동성을 여가(leisure)로 승화시킨 로마제국 군대의 일면은 아카데미 11개 부문을 수상한 고전영화 <벤허Ben-Hur, 1959>의 전차경주 장면으로부터 확인해 볼 수 있다. 13세기 몽고의 군대가 오늘날 헝가리 영토까지 진격하여 전 유럽을 공포의 도가니로 휩쓸리게 한 동인은 모든 병사가 기병(奇兵)으로 구성된 몽고군의 기동성이다.[35] 이후 진보된 과학을 적용한 군사무기의 발전에도 불구하고 군사적 요충지 선점을 위한 기동전략은 현대전에서도 반복되고 있다. 현대전의 기동성이란 물리적인 이동속도의 비교우위도 중요하지만 무엇보다도 예기치 못한 적의 허점을 찌른 인천상륙작전의 사례처럼 심리적인 이동속도에 주안점을 둔다.

두 차례의 걸프전쟁에서 혁혁한 전공을 세운 스텔스기의 존재는 심리적 이동속도의 중요성을 입증한 것이다. 적의 레이더망에 감지되지 않은 채 적진 한복판에 위치한 목표물의 정밀 타격이 가능한 스텔스 폭격기의 물리적 이동속도는 미군의 주력전투기인 F-15보다 뒤처지지만 이라크군뿐만 아니라 민간인에게도 전후방 안전지대가 없다는 불안의 인식을 심어 준 심리적 이동속도의 효율성을 반증하고 있다. 2005년 실전 배치된 미군의 F-22랩터의 최대순항속도인 마하 2.5는 경쟁기종과 유사하거나 또는 뒤처짐에도 불구하고 역사상 최강의 전투기로 평가받는 근거는 장착된 스텔스기능

---

35) 몽고메리(1996). 『전쟁의 역사 Ⅱ』 제5부 「동양전쟁」 참조. 당시 중세유럽의 군인은 갑옷에 의지해 전투했고 기동성이 떨어져 기습공격이 불가능한 반면, 몽고군은 갑옷을 거의 입지 않고 옻칠한 가죽흉갑만을 착용하여 기습공격의 전문가들이었다.

에 있다. 적기의 레이더망으로부터 감지되지 않는 원거리에서 적기를 감지하여 미사일 발사가 가능한 F-22기의 등장으로 물리적 이동속도의 경쟁 패러다임은 의미를 잃게 되었다.

현대전에 있어서 기동성의 의미를 종합해 보면 아군의 존재는 은닉한 채 적군의 존재를 탐지할 수 있는 위치를 선점하는 것이다. 독립작전수행이 가능한 F-22기를 제외하고 현재 개발된 전투기종의 기동성을 극대화할 수 있는 방안은 외부로부터의 지원 여부 및 성능에 좌우된다. 즉 원거리에서 적기의 동태를 관측할 수 있는 공중조기경보기AWACS라든지 해상에서 공중목표물의 탐지가 가능한 이지스함으로부터의 지원은 전투기의 기동성을 증가시킬 수 있다. 유사시 즉각 출격이 가능하고 작전반경범위의 위치변경이 용이한 공중조기경보기와는 달리 이동속도가 현저히 느린 이지스함의 효율성은 작전반경범위로부터의 근접성에 좌우된다. 즉 작전반경범위로 설정된 해상과 최대한 근접된 장소에 이지스함의 모항이 입지해야 한다는 점이다.

한국형 구축함KDX-Ⅲ 사업은 각각 서해와 동해, 그리고 제주도의 남방해역을 작전반경범위로 설정하여 총 3대의 이지스함 건조를 추진하는 것이다. 서해상에 배치될 이지스함의 모항으로 유력한 평택항 또는 목포항에서 출항하면 곧바로 작전반경범위로 근접할 수 있는 것과 마찬가지로 동해항도 동일한 여건을 구비하고 있다. 그러나 기존 해군기지인 목포항이나 진해항 또는 부산항에서 출항하여 작전반경범위가 제주도 남방해역으로 설정된 해상으로의 진출에 소요되는 시간을 감안하면 기존 해군기지는 모항으로서의 입지여건을 충족하지 못하고 있다. 예를 들어 목포항에서 마라도 해역까지의 이동에 최소 3시간 이상 소요된다면 유사시 시의적절한 대응이 불가능해진다.

종합해 보면 남방해역이 작전반경범위로 설정된 이지스함 모항의 입지로 제주도 이외의 지역은 유사시 이동소요시간의 제약으로 인해 대안으로 고려될 수 없다. 이처럼 유일무이한 입지여건이 구비된 제주도의 관점에서 국가안보의 논리를 감안하면 이지스함 모항 건설을 수용해야 하지만 동시에 수용의 부대조건을 요구할 수 있다. 즉 대안입지의 부재를 협상카드로 활용한다면 평화의 섬 이미지를 훼손하는 군사기지 건설에 따른 반대급부를 충분히 획득할 수 있음에도 불구하고 정반대의 상황이 전개되고 있다. 칼자루를 쥐어야 할 제주도가 무심코 건네준 칼이 제주도를 겨냥하고 있는 판국이 전개되면서 해군기지 입지예정지로 결정된 지역사회뿐만 아니라 제주사회 전반을 아우르는 파급효과를 기대할 수 없게 되었다. 도세가 열악한 제주도로서는 변방의 섬이나 1%의 섬 또는 제주 홀대론의 변명논리에 안주할 것이 아니라 주어진 기회를 협상카드로 활용하는 적극적 대응이 필요하다.

해군기지 예정지로 결정된 지역사회는 찬성과 반대로 양분된 집단 간 갈등이 악화되고 있지만 제주도의 중재기능은 중립성을 상실한 것으로 보인다. 제주도정으로서는 분열된 공동체를 통합한 후 해군기지 건설주체를 대상으로 부정적 영향의 저감대책과 긍정적 파급효과의 극대화 방안을 요구해야 하지만 오히려 찬성주민과 해군의 입장만 옹호한 채 반대주민을 격리하는 관점을 취하고 있다. 해안매립의 방식으로 어업권을 제외한 일반토지의 수용이 최소화된 해군기지 건설의 특성으로 인해 보상 수혜대상이 일부 주민으로 제한된 점을 감안하면 보상업무절차의 개시는 대다수 반대주민을 궁지로 밀어 넣는 것과 다름없다. 결국 제주도정이 소수 찬성주민의 입장만 대변하여 해군기지 건설을 강행한다면 반대주민으로 하여금 극한의 대결을 선택토록 강요하는 것과 다름없다.

해군기지 건설의 부당성을 방방곡곡 홍보하고자 하는 반대주민으로서는 2009년 6월 제주에서 개최될 한 - 아세안 특별정상회의는 선택의 여지가 없는 기회일 것이다. 미국이나 일본, 유럽 국가처럼 경제적 및 군사적 관점에서 슈퍼파워 국가로 분류되지도 않고 제주 외국관광시장의 주요 국가도 아니지만 말레이시아와 태국, 싱가포르 등의 동남아국가연합 회원국은 국제자유도시를 지향하는 제주로서는 벤치마킹의 대상이자 잠재적인 관광시장으로 접근해야 한다. 해당 국가에 소속된 언론사뿐만 아니라 세계 주요 매체에서도 취재경쟁이 예상되는 아세안 특별정상회의를 겨냥한 해군기지 반대주민의 대규모 시위는 제주의 이미지에 악영향을 주게 될 것이다. 경호공간의 확보로 시위대와의 직접 접촉은 차단되겠지만 함성과 주변상황으로부터 시위대의 존재는 충분히 인식될 수 있다. 결국 평화의 섬이자 세계적 관광지를 지향하는 제주에 이지스함이 정박할 해군기지 건설을 만천하에 공개한다면 제주로서는 결코 득이 될 수 없다.

시위대의 규모는 반대주민뿐만 아니라 군사기지 자체를 반대하는 시민단체 활동가, 그리고 회원국인 미얀마의 민주주의를 염원하는 전 세계 활동가마저 합류한다면 예상 밖의 돌발사태가 발생할수 있다. 시위대의 접근을 원천 봉쇄하고자 하는 경찰병력의 과잉대응으로 시위의 양상이 폭력화되면 관광제주의 이미지 훼손은 불가피해진다. 이처럼 특별정상회의가 시위의 영향으로 평가절하되면 중앙정부로서는 제주도를 대상으로 책임을 묻지 않을 수 없게 된다. 결국 중앙정부로서는 제주도에 대한 지원을 최소화하는 방향으로 책임을 묻게 된다면 국제자유도시를 지향하는 제주의 비전은 실현성이 불투명해질 것이다.

5. 민군복합형 관광미항의 환상
– 잠재적 테러위험의 상존 개연성

2007년 기준 각각 세계 9위와 18위 수준으로 평가되는 남북한의 군사력은 휴전선을 경계로 일촉즉발의 대치상태를 유지하고 있다.[36] 이처럼 상호도발의 억제라는 명분으로 천문학적 규모의 예산이 군사력 강화에 투자되는 악순환이 반복되면서 남북한 모두 막대한 기회비용의 손실을 감수하고 있다. 상호도발 억제라는 비생산적인 활동에 양국의 군사력이 대치하는 것과 비교해 보면 한반도를 둘러싼 강대국의 군사력 지침은 자국의 경제적 이익을 극대화하고자 하는 것이다. 예를 들어 세계 최고 수준의 해군력을 보유한 일본은 러시아를 대상으로는 쿠릴열도의 4개 섬, 중국을 대상으로는 조어도 열도, 그리고 우리나라를 대상으로는 독도의 소유권을 주장하고 있다.

대한민국 군사력의 기조는 한반도의 군사적 긴장을 완화하면서

---

36) 프리존뉴스(2008/09/07). 《건군60주년, 국군의 사명 – 북한해방·자유통일》 미중앙정보국(CIA)에서 작성한 '2007 세계군사력 보고서'에 의하면 세계 군사력 1위는 미국이고 대한민국은 9위, 그리고 북한은 18위로 평가되었다.

경제적 이익을 우선시하는 방향으로 설정되어야 한다. 이런 점에서 공해(公海) 영역이 협소하고 북한과의 불필요한 군사적 마찰이 야기될 서해와 동해상과 비교해 보면 상대적으로 공해상의 해양부존 자원이 풍부한 제주도 남방해역으로의 진출은 뒤늦은 감이 없지 않다. 그러나 경제력과 막강한 해군력을 토대로 일본과 중국이 제주도 남방해역의 주도권을 겨루는 상황에서 섣부른 개입은 자칫 고래 싸움에 새우 등 터지는 격이 될 수 있다. 이러한 강대국의 틈바구니에서 희생물로 전락되지 않고 자력으로 경제적 이익을 확보하기 위해서는 상응한 군사력이 전제되어야 한다. 이런 맥락에서 평화의 섬 이미지 훼손이 불가피하지만 최첨단 이지스함이 정박할 새로운 해군기지를 제주도에 조성하는 것으로 이해할 수 있다.

국가에서 공포한 평화의 섬이자 세계적 관광지로의 도약을 추진 중인 제주도 입장에서 해군기지 건설은 계륵(鷄肋)과 다름없다. 즉 국가안보의 논리상 해군기지 건설을 수용할 수밖에 없지만 민간인 통제가 불가피한 해군기지의 존재로 인해 향후 제주관광의 잠재적인 손실이 불가피해진다. 현행 입지예정지에 해군기지가 건설된다면 해양생태계의 보고인 범섬 일대의 해양레저스포츠 활동이 제약될 개연성이 높고 제주 해안을 연결하고자 하는 '제주올레'의 계획에도 차질을 주게 된다. 해군기지 건설로 파생될 경제적 이익은 단기간에 소멸되는 반면 가치환산이 불가능한 제주해안자원의 잠재력을 포기한 손실은 장기간 유지될 것이다. 이런 맥락에서 해군기지 건설의 부정적 영향을 저감할 수 있는 효율적인 인센티브의 요청은 지역이기주의가 아니다.

제주도에 조성될 해군기지의 한편 구석에 15만 톤급 초대형 크루즈선 접안이 가능한 기반시설을 조성한다는 이른바 민군복합형 관광미항이 사실상 최초이자 최후의 인센티브로 결정되었다. 149억 원으로 책정된 크루즈 터미널 조성비용을 포함한 534억 원의 크루즈항 조성예산은 제주도정의 요청에 의한 인센티브가 아니라 해군기지를 반대하는 지역주민의 입장을 조율한 국회의 중재에 의한 것이다. 문제는 크루즈 관광객으로부터의 경제적 파급효과를 전제로 한 이른바 관광미항의 지속 가능성은 세계적 크루즈선사의 유치에 달려 있지만 민군복합형의 운영방식으로는 목표달성이 사실상 불가능하고, 군사안보를 위협하는 외부요인이 개입될 개연성이 높아질 수 있다.

미국과의 군사적 동맹관계를 유지하고 있는 대한민국은 비록 미군의 요청에 의한 것이지만 아프가니스탄과 이라크에 파병한 이후 잠재적인 테러의 대상으로 지목되고 있다. 2001년 9/11 테러 이후 난관에 처한 미국본토로의 잠입보다는 상대적으로 경계가 허술한 미국의 동맹 국가를 새로운 테러대상으로 설정한 것으로 알려지면서 대한민국도 대비를 하지 않을 수 없다. 무비자 입국이 가능하고 무엇보다도 대한민국 국방기술의 결정체인 한국형 구축함, 즉 건조예산이 1조 원으로 알려진 최첨단 이지스함이 정박한 항구에 관광객이 탑승한 크루즈선이 입항 가능한 제주도는 테러의 위험에 노출되어 있다.[37]

항공기의 보안검색과 비교해 보면 상대적으로 보안검색이 느슨한 크루즈선에 관광객으로 가장한 테러리스트의 탑승 성공 가능성

---

37) Henderson(2007). 『Tourism Crises』 p.55. 크루즈선 Achillo Lauro는 팔레스타인 해방군(Palestinian Liberation Front)에 의해 1985년도에 나포된 바 있다.

은 높을 것이다. 무기를 밀반입하지 않더라도 크루즈선의 조리실을 접수하여 현지에서 무기를 조달한 후 순식간에 선교(船橋)를 점령한 테러리스트의 목표는 정박 중인 이지스함과의 충돌이다. 최대 배수량이 1만 톤인 이지스함에 테러리스트가 장악한 최대 15만 톤급의 크루즈선이 충돌한다면 안보 측면뿐만 아니라 관광이미지 측면에서도 회복 불가능한 손실이 발생할 수 있다. 이러한 가상시나리오의 실현을 미연에 방지하기 위해서는 부득이하지만 이지스함이 정박 중인 상황에서는 민간 크루즈선의 입항을 불허할 수밖에 없다.

군사보안의 관점에서 이지스함의 정박유무도 대외비로 취급될 개연성이 높고 상황변화에 유연하게 대처해야 할 군대의 특성을 감안하면 사전 확정된 정보라 해도 달라질 수 있다. 즉 사전에 민간 크루즈선 입항을 허가한 날짜에 긴급 상황으로 이지스함이 정박 중인 상황을 가정하면 신의와 안전의 딜레마에서 선택을 해야 할 것이다. 문제는 세계적 크루즈선사의 기항일정은 최소 1년 전에 확정되어야 하지만 유동적인 군 일정을 감안하면 정확한 정박유무 일시를 확정하기란 매우 어려워진다. 관광미항으로서의 성공가능성은 세계적 크루즈선사의 유치에 달려 있다고 보면, 이지스함이 정박 중인 상황일지라도 크루즈선의 입항을 허가해 주어야 한다.

잠재적인 테러위험을 최소화하기 위해서는 민군복합형 관광미항으로 접근 중인 민간 크루즈선에 대한 사전 조치가 필요할 것이다. 즉 이지스함이 정박 중인 상황에서 일정 해역에 도달한 크루즈선으로 중무장한 군인을 배치하여 선교(船橋)의 안전을 확보해야 한다. 헬리콥터로부터 군인이 하강할 경우 영화의 한 장면으로 인식하는 관광객도 존재하겠지만 낭만적인 분위기를 향유하고자 크루즈선에 탑승한 대다수 관광객으로서는 심리적 불안을 느끼게 된다. 이러한 군인배치 계획을 사전에 통보받은 크루즈선사로서는 굳이 민군복합형 관광미항을 기항지로 선정하기보다는 8만 톤급 접안이 가능한 제주외항을 이용하거나 또는 제주도 이외의 새로운 기항지로 발길을 돌리게 될 것이다.

국가안보의 논리로 평화의 섬 제주도에 해군기지 건설을 수용한 만큼 대한민국 국방력의 상징인 이지스함의 안전을 도모할 통제조치도 수용할 수밖에 없다. 제주도로서는 이지스함이 정박 중인 상황에서 크루즈선 입항을 전면 불허하거나 또는 외국 민간 크루즈선으로의 군인배치 계획 중 최소한 1가지 대안을 선택해야 하는 딜레마에 처할 수 있다. 2가지 대안 중 어떤 것을 선택하더라도 관광미항으로서의 기능수행에 치명적이므로 합리적이고 효율적인 제3의 대안이 모색되지 않는 한 민군복합형 관광미항 계획은 재고되어야 한다.

세계적 크루즈선이 입항하는 관광미항을 목표로 설정한 제주도의 계획은 실현 가능성이 희박하고, 외부로부터의 위험요인에 노출된 해군으로서도 민군복합형 해군기지는 불편한 동거로 인식할 것이다. 차라리 군사전용기지로 계획을 전환해 줌으로써 534억 원으로 책정된 크루즈 기반시설 조성비용을 지역사회에 환원하고 별도로 국가로부터 새로운 인센티브를 모색하는 방안도 고려해 볼 수 있다. 평화의 섬인 제주도에 해군기지 건설의 반대급부로 경제적 파급효과 달성이 극히 불투명한 관광미항 계획보다는 지역발전의 필수요소인 신공항 건설계획과 연계하는 방안이 모색되어야 할 것이다.

Chapter Ⅱ

제주관광의 정책현황

Part Ⅰ. 의료관광과 영리병원

1. 의료관광과 영리병원의 관계 Ⅰ
- 의료관광의 역사적 관점

　최근 치열한 경쟁에 직면한 관광산업에서 지속 가능성의 기본전
제는 차별화이다. 예를 들어 기존 관광상품은 유지한 채 일시적인
가격인하만 단행하는 관광목적지보다는 때론 변덕스러운 천차만별
의 고객욕구를 반영한 새로운 관광상품을 개발하는 관광목적지의
차별성이 부각된다. 여기서 의미하는 새로운 관광상품이란 시장에
출시된 적이 없는 획기적인 아이디어를 토대로 개발된 것으로 한
정하면 적자생존의 경쟁시장에서 퇴출될 수밖에 없다. 결국 기존
관광상품들 중 소위 '궁합이 맞는' 조합을 맞추는 방식이 새로움과
다양성에 대한 유연한 적응이라고 보면, 관광과 의료가 결합된 의
료관광(Medical Tourism)은 대표적인 블루오션으로 논의되고 있다.

　관광의 역사에서 의료관광은 결코 새로운 유형이 아니라 사실상
관광의 역사와 궤를 같이하고 있다고 해도 과언이 아니다. 고대
그리스에서는 치유의 신인 아스클레피오스(Asklepios)를 봉헌한 신

전인 에피다우로스(Epidaurus)에서 치료와 요양을 받고자 지중해 전역에서 방문객의 발길이 연중 끊이지 않았다.[1] 로마시대부터 온천관광지는 상류계층의 치유와 휴양을 위해 발전해 왔는데, 아직까지도 생생한 1988년 서울올림픽 개최도시가 발표된 독일의 바덴바덴은 유구한 역사가 있는 온천관광도시이다.[2] 상류계층과는 달리 온천관광지에서 치유받기가 어려운 계층을 대상으로 당대 의사들이 권한 치료를 염두에 둔 해수욕은 오늘날 레저스포츠로서 발전한 것이다.[3] 따라서 의료관광을 최근의 전례 없는 아이디어로 간주하기보다는 틈새시장에 적합한 새로운 대안관광으로 보고자 한다.

성공모델로서 언급되는 대표적인 의료관광목적지인 태국과 인도, 싱가포르에는 당연히 많은 의료관광객이 방문하고 있지만 전체 관광객 비율과 비교해 보면 의료관광은 초기단계에 있다. 예를 들어 2006년 1,388만 명이 방문한 태국에서 의료관광객은 150만 명(추정)으로 10%를 상회하지만, 전체 관광객 758만 명인 싱가포르에서는 27만 명(추정), 그리고 447만 명인 인도에서는 18만 명(추정)이 의료관광객으로 추정되고 있다.[4] 따라서 성공적인 의료관광목적지인 싱가포르와 인도에서 3－4%에 불과한 의료관광객 비중이 의미하는 바는 의료관광은 대안관광의 한 유형이라는 점이다. 즉 태국과 싱가포르, 인도로의 방문을 유인하는 관광매력요인 중 일부가 재조합되어 의료관광이 가능해진 것이지, 기존에 존재하지 않았거

1) 카슨(2001). 『고대의 여행이야기』 제7장 「여러 다양한 여행자」 참조.
2) 설혜심(2002). 『온천의 문화사』
3) Urry(1990). 『The Tourist Gaze: Leisure and Travel in Contemporary Societies』 제2장 「Mass Tourism and the Rise and Fall of the Seaside Resort」 참조.
4) 서울경제(2008/07/17). ≪의료관광, 가깝고도 먼 길≫

나 기능이 극히 미약했던 요인들(특히 영리병원)의 투입이 의료관광의 필요충분조건이 될 수 없다는 점이다.

간략히 관광과 의료의 상관성을 개괄해 보면 태국의 마사지(왓포)는 치유이기도 하지만 그 자체가 매혹적인 관광요인이고 동일한 맥락에서 싱가포르의 마사지도 평판이 훌륭하고, 인도의 요가도 한편으로는 치유행위이자 또 한편으로는 관광경험인 셈이다. 의료관광목적지의 대표적인 세 국가에서는 공통적으로 빼어난 관광매력요인들뿐만 아니라 의료와 밀접한 관계가 있는 요인이 오래전부터 생활화되어 왔다는 점이다. 즉 관광경험으로서 즐겼던 마사지와 요가에 대한 신뢰를 토대로 의료관광이 가능해진 것이지 이러한 전통 없는 불모지에 영리병원이 건립된다고 해서 의료관광의 활성화를 기대하는 건 논리적 타당성이 결여된 것이다.

2. 의료관광과 영리병원의 관계 II
- 의료관광선진국의 공통배경

    의료와 관광이라는 별개의 영역이 융합된 의료관광(Medical Tourism)의 명확한 학술적 정의에 대해서는 이견이 분분하지만 대체로 '일상거주지를 벗어난 관광목적지(주로 해외국가)에서 의학적 치료 이후 요양 목적으로 관광행위가 병행되는 것'으로 생각해 볼 수 있다. 세계관광기구의 정의를 따르면 관광행위란 '일상거주지를 벗어나 1년 이내 되돌아올 목적의 비경제적 활동'[5]으로 범위제한이 가능하지만, 현시점까지 의료관광에서 의미하는 의학적 치료의 범위에 대한 합의는 이루어지지 않고 있다. 따라서 '자국 또는 국제기준의 의사면허를 취득한 의사에 의해 합법적 범위 내에서 이루어지는 치료행위'를 의학적 치료라고 가정해 보면, 가벼운 팔뚝 열상으로 병원에서 연고를 바르는 행위라든지 가벼운 감기증세로 약을 처방받는 행위도 포함되지만 이러한 증상치료를 위해 해외 관광목적지로 의료관광을 하는 사람은 사실상 전무할 것이다.

---

5) 세계관광기구 홈페이지(http://www.unwto.org). 관광용어집(TourisTerm) 참조.

의료라는 단어가 선행하는 의료관광의 핵심은 의학적 치료이고 관광은 요양 목적의 부차적인 행위라고 보면, 의료관광의 의학적 증상범위는 일상거주지에서 치료 가능한 가벼운 질병이기보다는 다소 심각한 수준의 질병일 것이다. 편안한 일상거주지를 벗어나 치료를 위해 해외 관광목적지로 이동할 수 있고 의학적 치료 이후 요양 목적의 관광행위가 수반된다는 점에서 의료관광의 의학적 치료 범위를 일정 수준 제한할 수 있다. 즉 감기처럼 가벼운 증상은 아니지만 그렇다고 치료 이후 생존 가능성이 낮은 질환도 아닌 것이다.

　　치유를 하고자 하는 구체적인 질병의 목록은 개별 병원 수준에서뿐만 아니라 의료관광목적지 수준에서도 편차가 존재하지만 현 시점에서 신뢰할 만한 구체적인 통계는 파악하기 어려운 실정이다.[6] 대표적인 의료관광목적지인 태국과 싱가포르, 인도로 대상범위를 한정해도 국가별 구체적인 질병목록을 파악하기는 여전히 쉽지 않은데, 미국의학협회(American Medical Association)의 보고서를 인용한 시카고 트리뷴(Chicago Tribune)지의 기사에서 간접적 방식이지만 질병목록 파악이 가능하다.[7] 제시된 7개의 질병목록은 의학지식이 전무한 필자 관점에서도 시술 이후 상당 기간 요양이 필요하고 또한 요양이 필요한 질병의 특성을 감안하면 최소 1명 이상의 보호자 동행도 당연하다고 보면, 비단 시술한 병원뿐만 아니

<hr />

6) Bookman · Bookman(2007). 『Medical Tourism in Developing Countries』 p.12 참조. 의료비자(medical visa) 발급현황을 토대로 의료관광통계가 작성된다면 국제적으로 동일한 비교분석이 가능해진다. 그러나 현시점에서 의료관광시장의 주력부문인 '건강검진' 및 대안의료로 알려진 '스파/마사지' 상품 구매자 대다수가 발급이 용이한 관광비자로 입국한다면 의료관광통계에서 누락된다. 따라서 의료관광객을 유치한 병원의 통계에 의존하다 보니 신뢰성 높은 의료관광통계 집계는 요원한 실정이다.

7) Chicago Tribune(2008/03/28). ≪For Big Surgery, Delhi is Dealing≫

라 지역 관광산업 전반에 미치는 경제적 파급효과도 지대하리라는
점이다.

〈표 2〉 주요 의료관광목적지 의료비용(美貨)

	미국	인도	태국	싱가포르
심장동맥우회수술	130,000	10,000	11,000	18,500
심판막 치환	160,000	9,000	10,000	12,500
혈관형성술	57,000	11,000	13,000	13,000
엉덩이 치환	43,000	9,000	12,000	12,000
자궁적출술	20,000	3,000	4,500	6,000
무릎 치환	40,000	8,500	10,000	13,000
척추골 융합술	62,000	5,500	7,000	9,000

미국의학협회(AMA)의 보고서에서 제시한 7개의 질병목록에서
파악할 수 있는 점은 국가별 의료관광비용의 차이점이다. 미국에서
의 비용과 비교해 보면 아시아 3개 국가에서 제시한 비용은 미국
대비 10～50% 수준이지만 국가별 가격편차는 존재하고 있다. 전
반적으로 인도와 태국은 비용 측면에서 별다른 차이가 없는데 인
도의 가격경쟁력이 다소 앞서는 것으로 보이지만 실상 18만 명(추
정)의 인도 의료관광객 수는 태국의 150만 명(추정)의 의료관광객
수뿐만 아니라 고가정책을 표방하고 있는 싱가포르의 27만 명(추
정)에도 미치지 못하고 있다. 인도의 의료관광산업이 성장추세라는
점을 감안해도 가격경쟁력 이외의 변수가 의료관광목적지 선택에
중요한 영향을 미치고 있다는 점을 유추해 볼 수 있다.

연간 150만 명(추정)의 의료관광객을 유치하고 있는 태국 의료관
광산업의 태동기는 베트남전으로 소급할 수 있다. 베트남전에 참전

한 미군의 일시적 휴양지이자 부상당한 군인들의 치료 및 요양지로서 미국은 태국을 선택하여 당시 농경국가였던 태국이 오늘날 세계적 관광대국으로 발돋움하게 되는 계기가 되었다.[8] 현재 미국 국적의 의료관광객이 세계 의료관광시장의 주류라고 보면 문화적 이질감이 적은 태국은 미국 의료관광객 다수를 유치하고 있다. 반면 영국 식민지배의 영향을 받은 인도와 싱가포르의 의료관광객은 현재 의료관광시장의 비주류라고 할 수 있는 유럽과 중동지역이라는 점에서 태국의 우위를 일정 부분 설명해 주고 있다. 공통적으로 대표적인 의료관광목적지에서는 과거 서구사회와의 문화적 영향력으로 인해 의료관광객의 심리적 불안상태를 잠재울 여지가 있다는 점이다.

국제적인 관광대국이자 대표적인 의료관광목적지로 성장한 세 국가는 서구문화와의 연대성 외에도 여러모로 유사한 점을 공유하고 있다.

첫째, 영어가 상용화된 국가라는 점이다. 의료관광이란 의사소통이 자유로운 일상거주지를 벗어나 영어를 제2외국어로 구사하는 의사와 간호사에게 치료를 위임해야 하므로 심리적 불균형 상태에 있다. 방문목적이 의학적 질병치료뿐만 아니라 요양 목적의 관광활동도 병행한다는 점에서 병원이라는 한정된 공간뿐만 아니라 해당 관광목적지 어디서든지 언어장벽이 최소화되어 있다면 심리적 안도감을 심어줄 수 있다. 이처럼 원활한 의사소통이 가능한 관광목적지라면 의료관광객과 동반한 보호자가 병원 체류보다는 자유로운 관광활동을 통해 스트레스를 감소시킨다면 지역 내 경제적 파

---

8) 오그래디(1985), 『제3세계의 관광공해』

급효과의 극대화도 가능해진다. 이런 점에서 제주의 영리병원에서 언어장벽은 없겠지만 과연 동반한 보호자의 관광활동이 촉진될지 여부에 대해서는 회의적이다.

둘째, 항공 직항노선이 활성화된 국가라는 점이다. 의료관광객은 정도의 차이는 있지만 육체적 질병을 치유하고자 하는 '환자'라는 점에서 편안한 여정은 두말할 것도 없다. 건강한 관광객이라면 통상 5~10시간 내외 소요되는 환승시간을 적절히 활용하지만 육체적·심리적으로 불편한 의료관광객으로서는 공항 환승구역에서 대기하거나 또는 타 공항으로 이동하는 과정 자체가 달갑지 않을 것이다. 세계적 허브공항인 싱가포르의 창이공항이라든지 국제관광의 관문으로서 손색이 없는 방콕과 뉴델리의 공항과 비교해 보면, 제주국제공항을 운항하는 북미 및 유럽 지역의 직항노선은 개설되어 있지 않다.

외국 의료관광객 관점에서 인천국제공항에서 김포공항에서 환승하여 제주국제공항으로의 이동보다는 차후 허용될 인천 경제자유구역 내 영리병원으로의 이동이 편리하다. 결국 제주 영리병원의 의료관광객 모집단인 직항로가 개설되어 있는 일본과 중국, 대만 등의 협소한 시장으로는 수익성 기대가 어렵다면, 사실상 내국인 유치 여부에 따라 운영 성패가 좌우될 것이다. 문제는 3~4년 후 전국 경제자유구역에서도 영리병원이 허용된다면 내국 의료관광객 유치도 장담하기 어렵다는 점이다.

셋째, 휴양과 요양에 적합한 기후를 구비한 국가라는 점이다. 대표적인 의료관광목적지로 부상한 태국과 싱가포르, 인도의 지정학적 위치로 인해 형성된 열대성 기후와 유사한 환경은 그 자체로 관광촉진요인이다. 연중 간편한 복장으로 거리를 활보할 수 있고 언제든지 바다에 뛰어들 수 있는 기후조건은 휴양관광지의 전형적인 특성으로 의료관광객의 요양에 적합하다. 연중 평균기온이 25℃ 이하로 내려가지 않는 방콕과 싱가포르와는 달리 1월 평균기온이 5.6℃이고 3월에도 8.9℃의 제주의 겨울기온은 요양뿐만 아니라 야외 관광활동도 저해하는 요인이다.9) 더구나 제주의 바람을 감안하면 체감기온이 영하 이하라는 점에서 수익성 높은 요양형 의료관광객의 제주유치는 난제일 것이다.

---

9) 제주도의 월별 기후평년값 자료는 제주지방기상청(http://jeju.kma.go.kr)에서 참조.

3. 의료관광산업의 성공 가능성
- ○○리조트 비만클리닉의 이면

　의료관광의 명확한 학술적 정의는 여전히 논의 중이지만 대체로 '의학적 치료가 선행된 후 요양 목적의 관광행위가 병행되는 것'으로 간주할 수 있다. 의료관광은 '의료'라는 영역과 '관광'이라는 별개의 영역이 결합된 신생어이지만 현재 보편화된 '사업관광'(Business Tourism)과 동일한 맥락에서 이해 가능하다. 즉 '사업'과 '관광'이라는 별개의 영역이 융합된 '사업관광'이란 사업목적이 달성된 이후 짬을 내어 관광을 하는 것으로, 최우선 과제는 사업이며 부가적으로 관광행위가 수반되는 것이다. 따라서 의료관광의 목적이자 최우선 과제는 의학적 치료이지 관광은 선택의 여지에 달려 있는 부가적 행위일 뿐이다.[10]

　의료관광객은 치료를 받고자 하는 질병에 적합한 병원 또는 전문클리닉이 소재한 관광목적지를 선택하는 것이지, 정반대로 관광하고자 하는 목적지를 결정한 후 치료병원을 탐색하지는 않는다.

---

10) Bookman · Bookman(2007). 『Medical Tourism in Developing Countries』 p.41.

예를 들어 간단한 미용성형시술을 결정한 사람이 평소 방문예정지로 꿈꾸던 필리핀 세부 대신 태국 방콕을 선택하는 것이 의료관광이고, 세부를 선택하였다면 휴양관광이지 의료관광이 아니다. 즉 의료관광은 의학적 치료와 관광 중 최우선 순위로 의학치료를 선택함으로써 성립된다.

제주 지역에서 첫 번째 의료관광상품이 출시되었다는 지역 및 중앙매체의 보도가 있었다. 예를 들면 ≪의료관광상품 제주에서 첫선≫이라는 2008년 7월 15일자 제민일보 기사는 ○○리조트에서 비만클리닉과 연계된 의료관광상품의 개발소식을 보도한 것이다. 7월 24일자 한라일보는 ≪제주자치도 "의료관광은 세계적 흐름"≫이라는 제목으로 다음과 같은 내용을 보도하였다.

> 제주특별자치도는 24일 '대한항공과 한라병원의 의료관광 협약 조인'과 지난 18일 ○○읍 ○○리조트 비만클리닉 개설에 대해 '의료관광산업의 가능성을 보여준 것'이라고 평가한 후 제주의료관광은 막연한 꿈이 아니라 현실적 산업임을 보여준 것이라고 밝혔다(이하 중략).

위 기사에 의하면 의학적 치료인 비만클리닉을 최우선 순위로 선택한 의료관광객이 본격적으로 제주를 방문한 것처럼 보인다. 그러나 2008년 7월 25일 메디컬투데이에서는 ≪○○○ 제주리조트점 서비스 …… 취재 시작하자 중단≫이라는 다음과 같은 기사를 보도하였다.

> 본지 취재 결과 이 리조트에 숙박한 숙박객들에게 비만클리닉 이용 쿠폰을 방마다 배포한 것으로 확인됐다. 이 쿠폰을 가지고 '○○○ 비만클리닉 제주리조트점'을 방문하면 지방분해주사, 고저주파테라피, 카복시테라

피 등의 시술을 무료로 받을 수 있는 것.

보건복지부 의료제도과 김형종 주무관은 "(리조트와 연계된 의료행위의 무료제공은) 특정 의료기관으로 알선하는 행위로 볼 수 있다며 법령위반의 소지가 있다."고 말했다(이하 중략).

메디컬투데이의 기사에 의하면 ○○리조트를 방문한 사람은 애초 비만클리닉을 방문할 의도가 없었던 순수한 관광객으로 의학적 치료를 목적으로 방문한 의료관광객이 아닌 셈이다. 의료관광산업의 가능성을 보여준 사례라면 의료관광산업의 확산을 위한 벤치마킹의 모델로서 심층적인 조사가 이루어졌다면 성공 가능성을 성급히 언급하지는 않았을 것이다.

4. 제주형 의료관광의 방향

- 의료관광의 현재와 미래

과학기술의 진보로 의학 전문성이 심화되자 모든 질병을 단 한 명의 의사가 도맡는 방식으로부터 신체 특정부분을 전담하는 개별 치료 방식으로 변모하면서 의사가 환자의 가정을 개별 방문하는 왕진(往診)은 의사 및 환자 입장에서도 최적의 서비스를 제공할 수 없다는 공감대가 형성되었다. 인구의 증가와 수명주기의 연장, 그리고 건강한 삶에 대한 관심으로 촉발된 의료수요의 기대수준을 충족하기 어려운 의료공급의 여건을 감안한 현대사회 병원시스템의 정착으로 환자가 의사를 방문하는 방식으로 변모하게 되었다.

의료서비스를 공공재로 인식한 정부에서는 형평성의 논리를 강조한 결과 의료서비스의 질이 하락되는 정부실패(government failure)가 발생하고, 시장논리로 인식한 정부정책으로 양극화가 심화된 사회에서는 시장실패(market failure)라는 부작용에 직면한 환자 중 일부가 최적의 의료서비스를 위해서라면 타국의 병원도 마다하지 않게 된 1990년대 이후 새로운 의료수요현상이 부상하게 되었다. 이러한 의료서비스의 판매와 구매를 국제무역의 관점으로 접근한 UN산하 무역개발협의체(1998)에서는 국경을 이동하는 환자의 유형을 크게 5개 집단으로 분류하였다. 첫 번째 유형은 자국에서 치료가 불가능하거나 또는 세계 최고 수준의 의료서비스 구매를 위해 이동하는 집단이고 두 번째 유형은 요양에 적합한 의료시설과 기후조건이 구비된 타국으로 이동하는 집단, 그리고 온천과 광천에서의 휴식 또는 레저관광을 병행하는 집단이 세 번째 유형이다. 네 번째 유형은 가격경쟁력의 관점으로 이동하는 집단이고, 마지막으로 실버집단의 장기휴양지로서 저렴한 가격과 기후조건이 구비된 장소로 이동하는 유형이 다섯 번째 유형으로 분류되었다.[11]

의료서비스시장을 국제무역의 관점으로 접근한 UN산하 무역개발협의체(1998)의 보고서에서는 의료관광(medical tourism)이라는 단어가 사용되지 않았을 뿐만 아니라 5개 유형으로 분류된 환자집단 간 상이성보다는 중첩된 유사성이 높다. 2004년 싱가포르 난양기술대학의 조안 핸더슨(Joan Henderson) 박사는 환자가 국경을 이동하여 일상거주지로 복귀하는 관광의 관점에서 의료서비스시장을 건강관광(health tourism)이라는 포괄적 용어로 규정한 후 3개의 유형으로 세분화하였다. 첫 번째 유형인 의료관광(medical tourism)에 적합한 부문으로는 의학적 치료와 건강검진이며 두 번째 유형인 미용수술(cosmetic surgery)로 분류되는 항목으로는 성형수술과 지방흡입술, 그리고 온천과 광천수를 이용하거나 또는 전통의학치료로 분류되는 유형을 스파 및 대안치료(spas and alternative therapies)로

---

11) UNCTAD(1997), 『International Trade in Health Services: Differences and Opportunities for Developing Countries』 pp.9 - 10.

명명하였다.12)

포괄적인 개념인 건강관광(health tourism)을 3개의 하위유형으로 분류한 기준은 의학적 치료의 목적이다. 즉 의학적 치료의 주목적이 질병치료 또는 사전 예방인 경우 의료관광이지만 미용성형수술이나 비만치료, 그리고 대안치료 대다수는 생존과 직결되지 않은 쾌락적(hedonic) 목적에서 이뤄진다는 점에서 '의료'관광으로 분류하지 않았다. 이러한 헨더슨의 유형구분방식은 2008년 8월 하순 제주형 의료관광상품의 유형으로 제시된 '건강검진(의학)', '비만(의학/한방)', '피부병(한방)'에도 적용 가능하다. 한라병원에서 출시한 건강검진 상품은 '의료관광'으로 분류되고, 비만클리닉이 주도하는 비만치료 상품은 '미용수술', 그리고 한의원이 주축인 피부병(한방) 치료상품은 '스파 및 대안치료'와 동일한 개념으로 분류 가능하다.

의학적 치료의 목적으로 의료관광의 개념을 정의한 헨더슨의 연구를 적용하면 한라병원에서 출시한 건강검진 상품은 의료관광으로 분류되지만 엄밀한 의미에서 비만치료와 한방치료는 의료관광으로 볼 수 없다. '의료'와 '관광'이라는 별개의 영역이 결합된 의료관광의 목적이자 최우선 과제는 의학적 치료이지 관광은 선택의 여지에 달려 있는 부가적 행위이므로 비만치료와 한방치료 서비스 체험이 제주방문의 핵심동기라면 의료관광으로 분류 가능하지만 실제로는 선택 가능한 관광활동의 일부분에 불과한 관계로 의료관광으로 분류할 수 없다. 그러나 교통비용과 숙박비용, 그리고 식음료비용을 제외하고 비만치료 또는 한방치료 서비스 체험에 투자된 경제적·시간적 비용지출 범위가 여타 관광체험비용보다 월등히

---

12) Henderson(2004), 「Healthcare Tourism in Southeast Asia」, p.113.

높은 관광상품이라면 헨더슨의 기준과는 별도로 의료관광으로 분류할 수 있다. 종합해 보면 비만치료와 대안치료 상품의 구성요건에 따라 의료관광의 범주로 재편될 여지도 배제할 수는 없다.

질병의 조기발병 가능성을 진단하고자 하는 건강검진은 의학적 질병치료와 더불어 의료관광의 성립요건을 충족시키는 대표적인 의학적 행위라는 점에서 제주한라병원에서 출시한 건강검진 프로그램은 명확한 의료관광상품이다. 또한 상품출시 직후 미미하지만 12명의 중국의료관광객을 유치한 한라병원의 의료관광상품을 실적이 보고되지 않은 비만 및 한방치료 의료관광상품과 비교해 보면 성장 가능성이 잠재된 것으로 평가할 수 있다. 그러나 제주한라병원에서는 뚜렷한 신체적 이상징후가 감지되기 이전 질병의 조기진단을 가능케 하는 대표적인 최첨단 의료기기인 양전자단층촬영 (PET: Positron Emission Tomography) 시설이 도입되어 있지만 언론보도를 종합해 보면 12명의 중국의료관광객을 대상으로 채혈검사와 X－Ray 촬영만이 시행되었다. 평균 이용비용이 200~300만원으로 책정된 양전자단층촬영PET이 운용된다면 병원뿐만 아니라 지역사회에도 높은 파급효과가 기대되지만 의료보험이 적용되지 않더라도 채혈과 X－Ray 촬영으로 구성된 건강검진 의료상품으로는 고부가 가치 창출이 매우 어려워질 것이다.

사전 예방의 차원에서 발병 가능성을 조기에 진단하고자 하는 건강검진의 주요 대상은 대체로 건강하다고 자각하는 정상인인 반면, 의학적 치료의 주요 대상은 특정질병이 확인된 환자이다. 발병 가능성을 염두에 두고 X－Ray를 촬영하는 건강검진과는 달리 의학적 치료의 수단으로서 촬영한 X－Ray의 사진에는 사전 의도한 특정질병의 단면이 나타날 확률이 높다. 제주형 의료관광상품과 관련된 언론보도를 종합해 보면 12명의 중국의료관광객 중 사전 답사의 목적으로 체험한 여행사 관계자 7~8명을 제외한 4~5명이 상품을 유료로 구매한 관광객으로 진단서를 발급받은 후 제주를 재방문하여 한라병원에서 의학적 치료를 받을 예정인 것으로 기사화되었다. 채혈검사와 X－Ray 촬영만으로 치료가 필요하다는 진단서가 발급된 점으로 미루어보면 사전 예방 목적의 건강검진이라기보다는 신체적 자각증세가 뚜렷한 환자가 사후 치료의 前 단계로서 병명을 확인하는 과정인 셈이다.

의료관광의 양대 축인 건강검진과 의학적 치료는 비교적 명확하게 분리된 영역이다. 관광목적지의 병원에서 실시한 건강검진의 결과 뚜렷한 병명이 진단되었다면 통상적으로 자국으로 복귀한 후 적절한 치료를 받거나 간혹 외국에서의 치료를 선호하기도 하지만 반드시 건강검진을 실시한 병원을 재선택하지는 않는다. 중국에서의 건강검진 결과 의학적 치료를 요하는 질병이 진단되었다면 중국병원에서 발급한 진단서를 제주한라병원에 제출한 후 필요한 치료를 받는 것이 정상적 과정이지만 제주의 병원에서 건강검진 후 진단서를 발급받아 제주를 재방문하는 방식은 사전 예방적 건강검진의 목적뿐만 아니라 의학적 치료목적에도 부합되지 않는다.

단순 건강검진으로 진단서 발급이 가능한 질병보유자라면 자국의 병원에서 진단서를 발급받은 후 제주에서는 의학적 치료만 받으면 된다는 점에서 제주에서 건강검진을 받은 숨겨진 이면이 존재할 수 있다. 30일의 체류가 가능한 무비자 상태로 제주를 방문한 중국의료관광객이 진단서를 발급받은 목적은 최대 4년까지 체류가 가능한 의료요양비자(medical visa)의 발급을 염두에 둔 것으로 분석된다. 장기요양치료가 필요한 환자의 특성상 본인뿐만 아니라 보호자에게도 장기체류를 허용하는 의료요양비자는 필요한 제도이기는 하지만 불법체류를 양성화하는 악용의 소지도 배제할 수 없다. 즉 입원한 환자의 안위를 책임져야 할 병원으로서는 환자의 상태와 위치를 모니터링해야 하지만 동반한 보호자의 행적을 모니터링할 필요성도 없고 그러한 권한도 없으므로 보호자의 잠적 가능성은 매우 높아질 것이다. 보호자뿐만 아니라 환자의 잠적도 용이한 상황이지만 잠적의 책임을 전가할 대상이 사실상 존재하지 않는다. 애초 15명이 제주를 방문할 예정이었지만 입국 거부된 3명을 제외한 12명이 제주형 의료관광의 첫 고객이라는 점을 감안해 보면 구태여 제주에서 진단서를 발급받고자 하는 동기 파악이 가능한 것이다.[13]

---

13) 제주일보(2009/01/29). ≪지난해 제주 찾은 해외의료관광객 46명 불과≫ 한라병원의 건강검진 의료관광상품은 2008년도 제주특별자치도에서 주관한 의료관광상품 공모전에서 최우수상을 수상하였다. 2008년도 8월 중순 대서특필된 언론보도를 종합해 보면 12명의 의료관광객 유치를 시작으로 월평균 100~200명의 의료관광객 유치를 전망하였지만 2008년도 의료관광의 성과는 2회에 걸쳐 46명에 불과한 것으로 집계되었다.

5. 국제자유도시의 정책결정 논리
– 영리병원 도입 여론조사를 중심으로

19세기 중반 이후 농업사회로부터 산업사회로의 급속한 전환이 진행된 미국사회의 배경을 연구한 사회학자 주커(Zucker)는 이러한 성장배경의 동인(動因)으로 신뢰유형의 변천과정을 제시하였다.[14] 소규모 동질적인 공동체 기반의 농업사회였던 미국으로 유럽 및 아시아 국적의 이민자 행렬이 급증하면서 기존 인적 교류라든지 주변 평판에 의존한 상거래 관행은 한계에 직면하게 되었다. 이처럼 사회규모의 확대와 더불어 이질성이 증가된 미국이 극심한 갈등의 여파로 분열되지 않고 통합사회로 변모된 이면에는 공식적인 제도에 대한 신뢰가 형성되었기 때문이다. 주커(1986)는 인적 교류 또는 주변 평판에 근거한 신뢰를 1) 과정의존적 신뢰, 혈연이나 인종처럼 귀속적 특성에 근거한 신뢰를 2) 특성의존적 신뢰, 그리고 공식적인 사회제도에 근거한 신뢰를 3) 제도의존적 신뢰로 명명하였다.

---

14) Zucker(1986), 「Production of Trust: Institutional Sources of Economic Structure, 1840~1920」

이탈리아의 중북부 지역보다 사회경제적 성취수준이 미약한 남부 지역의 상황을 연구한 퍼트남(Putnam)에 의하면 남부 지역에 만연한 사회제도에 대한 불신의 여파로 출현한 마피아로 인해 지역발전을 저해하는 악순환이 강화되었다. 즉 공식적인 제도를 불신한 남부의 거주민으로서는 상대방의 기만을 사전에 차단하고자 응징능력이 있는 집단의 보호를 요청하면서 마피아가 성장하게 되었다. 결국 보호의 대가를 공식적인 기관에 세금의 형태로 납부하는 것이 아니라 은밀하게 마피아에게 전달함으로써 사회 전체의 경제성장은 지체될 수밖에 없다는 점이다.[15] 동일한 맥락에서 후쿠야마(Fukuyama)는 고신뢰 수준의 국가와 저신뢰 수준의 국가를 구분하는 기준으로 제도의존적 신뢰를 제시하였다.[16]

사람과 상품, 자본의 자유이동을 허용하는 국제자유도시의 환경은 주커(1986)가 연구한 미국사회의 단면과 유사하다. 지리적으로 고립된 섬의 특수성이 반영되어 동질성 수준이 높은 제주도에서 국제자유도시의 기본전제인 문호의 전면개방을 추진하면 이질성의 수준은 급속히 증가하게 된다. 이러한 천차만별의 문화적 차이로 초래될 오해를 사전에 최소화하고 발생한 갈등관리의 성공 여부는 공식적인 사회제도에 대한 신뢰가 전제되어야만 가능하다. 즉 기존 제주도에서 통용되던 기준의 일방적 수용을 강요하거나 명확한 원칙의 부재로 일관성이 부족하다면 국제자유도시로의 실현 가능성은 불투명해진다. 결국 글로벌 스탠더드에 부합되는 제도의존적 신뢰가 제주사회에서 '보이지 않는 손'으로 존재해야 함을 의미한다.

---

15) 퍼트남(2006). 『사회적 자본과 민주주의』
16) 후쿠야마(2002). 『트러스트』

공식적인 사회제도에 대한 신뢰가 형성되기 위해서는 정책결정
과정의 투명성, 정책기조의 일관성, 그리고 정책의 논리성이 전제
되어 한다. 극소수 엘리트 집단에 의한 비공개 정책결정의 관행으
로부터 정책결정의 전 단계에 참여의 폭이 확대되는 방식이 투명
성이다. 최상위 목표에 부합되도록 정책은 위계에 의해 구성되어야
하고 동시에 기존 정책기조 방향이 유지된다면 일관성이 높아진다.
마지막으로 정책의 논리성이란 합리적이고 과학적인 방식에 근거
한 정책결정과정을 의미하는 것으로, 국제자유도시 실현이 최상위
목표로 설정된 제주도의 정책이 투명성과 논리성을 동시에 담보할
수 있는 방안으로 여론조사 방식이 적용되고 있다.

여론조사의 결과를 정책결정의 기준으로 적용한 공식적인 사회
조직으로의 신뢰수준은 높아진다. 이런 맥락에서 2007년 5월 해군
기지 유치 및 2008년 7월 영리병원 도입유무를 여론조사로 결정한
제주도의 정책은 국제자유도시의 글로벌 스탠더드를 충족시키고
있다. 정책결정과정의 주체로서 일반대중의 참여로 인해 정책의 투
명성이 확보되고 합리적 이론을 토대로 적용된 과학적 조사기법으
로 논리성이 담보된 여론조사는 일관성이 병행되어야만 제도의존
적 신뢰의 수단으로 인식된다. 즉 여론조사로 결정된 정책의 효력
은 법률에 의거한 정책과 동일하며, 여론의 동의가 전제되지 않는
한 수정되거나 폐기될 수 없다.

2008년 7월 영리병원 허용유무를 결정한 여론조사 결과 1.7%의
근소한 차이로 우세한 반대여론 결과를 수용하여 영리병원 도입은
좌절되었다. 그러나 불과 6개월도 경과되지 않는 시점에서 재검토
가능성을 공개적으로 표명한 제주도정의 행위는 일관성이 중시되

는 정책신뢰성을 훼손하는 것이다. 여론조사의 결과가 환경변화의 요인을 제대로 반영하지 못한다고 판단될 경우 공식적인 사회조직, 즉 제주도정은 이러한 상황변화를 설득논리로 활용할 수는 있지만 독자적인 변경은 불가능하다. 그렇다고 여론조사의 결과를 여론조사로 번복한다면 여론조사 자체의 신뢰성이 상실되는 문제점을 감안하면 유일한 대안은 주민투표를 적용하는 것이다.

영리병원 불허를 결정한 여론조사의 결과를 재판단할 목적으로 주민투표가 실시된다면 동일한 논리가 해군기지 여론조사 결과에도 적용되어야 한다. 즉 해군기지 유치를 찬성한 여론조사의 결과도 주민투표방식으로 재판단을 구할 수 있는 논리적 근거가 마련된 것이다. 주민투표에 소요되는 비용을 감안하면 단일 조사는 비효율적인 관계로 영리병원 추진과 해군기지 유치를 묻는 주민투표를 동시에 하는 방안이 바람직하다. 그러나 소요예산의 확보문제 및 주민투표의 중압감이 부담스럽다면 2010년 6월에 실시될 지방자치단체 선거와 연계하는 방안을 고려해 볼 수 있다. 영리병원과 해군기지의 찬반유무를 선거공약으로 명시한 후보의 당선유무를 근거로 해당 정책의 수용 여부를 재판단하는 것이다.

Part Ⅱ. 관광객전용카지노

1. 느림으로서의 제주관광의 전망
- 사행산업의 치명적인 역주행

시간에 대한 중세인의 태도를 '시간에 대한 거대한 무관심'으로 요약한 역사학자 마르크 블로크(Marc Bloch)의 관점[17]은 동서양을 막론하고 농경사회의 공통적인 시간개념이다. 즉 농번기에는 일출 직후에서부터 일몰 직후까지 하루 대부분의 시간이 노동에 소요되는 반면 동절기 또는 우천 등의 기상조건에서의 하루 일과는 휴식일 수밖에 없었던 것처럼 농경사회의 시간개념은 자연에 순응하는 것이다.[18] 이러한 자연에 순응하는 시간개념에 일대 변혁을 준 시계의 발명으로 인간의 생활리듬은 자연이 아니라 기계적 시간에 적응토록 요구되었다. 즉 당시 마을의 중심공간이자 랜드마크인 교회 건물의 가장 높은 첨탑에 거대한 시계를 설치하여 모든 마을주

---

17) 블로크(2001). 『봉건사회Ⅰ』 pp.216 - 217. 자신들 주변과 또 내부에 널려 있는 그토록 많은 예측 불가능한 힘에 지배당하고 있던 당시 사람들은 시간을 제대로 측정할 수 없기 때문에 시간의 경과를 파악하기도 그만큼 어려운 세계에 살고 있었다. 이러한 시간측정의 불완전성은 시간에 대한 엄청난 무관심을 보여주는 수많은 징표들 가운데 하나에 지나지 않았다.

18) 고프(2001). 『서양중세문명』 pp.214 - 215.

민의 가시권 영역에 시계가 놓이게 되자 기계적 시간이 인간을 통제하기 시작한 계기가 되었다.

산업혁명의 초기단계에 이르러서는 인간의 육체를 기계적 속도에 맞추도록 강요되었다. 증기기관을 동력원으로 사용하는 기계의 효율성을 극대화하고자 인간육체의 한계로 여겨진 하루 평균 10～16시간의 노동시간이 일요일을 제외한 주 6일간 지속되었다. 이러한 살인적인 노동 강도를 견디지 못한 성인 노동자의 이탈이 심각해지자 통제가 용이한 어린이가 새로운 공장노동자로 대체된 이후 만 18세 미만의 사망자가 급증한 사회적 현상은 찰스 디킨스의『올리버 트위스트』에서도 생생히 묘사되어 있다.[19] 이처럼 기계적 시간과 속도에 종속된 인간의 단면은 1926년 출시된 프리츠 랑(Friedrich Lang) 감독의 영화 <메트로폴리스Metropolis, 1926>라든지 찰리 채플린(Charles Chaplin)의 대표작 <모던 타임즈Modern Times, 1936>의 주제로 논의되었던 것이다.[20]

산업혁명에 성공한 서구 열강의 시선에서 바라본 19세기 중반 조선의 이미지는 농경사회의 전형적인 특성임에도 불구하고 부정적 관점에서 묘사하고 있다. 약관 27세에 하원에 진출하여 35세에 대영제국의 외무차관, 그리고 39세에는 인도 총독을 역임한 조지 커즌(George Curzon)이 묘사한 조선인은 치료 불능의 게으름이 배

---

19) 홉스봄(2002). 『혁명의 시대』 p.139. 노동규율의 문제가 더욱 급박했던 공장에서는 다루기 쉬운, 그리고 보다 값싼 부녀자와 아동을 고용하는 것이 편리하다는 사실을 깨닫게 되었다. 1834～1847년간 영국 면공장의 전 노동자 가운데 약 4분의 1이 성인남자이며 반 이상이 부녀자들이고 그 나머지가 18세 이하의 소년들이었다.

20) 이진경(2002). 『필로시네마 혹은 영화의 친구들』 「모던 타임즈, 분열자와 자본주의」 참조. 이진경은 〈모던 타임즈〉를 아직 길들여지지 않은 분열자(찰리 채플린)와 그것을 길들이고 통제하려는 근대세계 간의 대립, 그리고 거기서 분열자의 운명에 대한 이야기로 이해하고 있다.

인 민족[21]이며, 스웨덴 기자 아손 그렙스트(A:son Grebst)가 묘사한 코레아 사람들은 세계에서 가장 낙천적이지만 일하는 것을 증오하는 민족이다.[22] 이처럼 진보된 문명이라는 우월적 시각에서 묘사된 관계로 당시 선조들의 생활태도를 게으름으로 단정하였지만 실상 자연에 순응하는 낙천적 여유가 사회 전반을 지배하고 있었다.[23]

일제 식민지배의 결과 자주적 근대화에 실패하고 연이은 한국전쟁의 여파로 미미한 산업기반시설마저 초토화된 환경에서 신속한 경제성장은 생존과 직결된 지상과제로 수용되었다. 독재정권의 성장일변도 경제정책으로 인해 1980년대 중후반 '한강의 기적'으로 알려진 압축적 근대화(compressed modernity)를 자축할 수 있었지만 1997년 외환위기 사태는 일방적인 성장위주정책에 대한 자성의 계기를 제공하게 되었다.[24] 즉 정해진 할당량을 세계 최단 기간에 달성하고자 하는 속도주의 접근방식으로는 성장의 한계에 봉착할 수밖에 없다는 인식이 성숙해지면서 무궁무진한 부가가치 창출이 가능한 콘텐츠 양성에 대한 사회적 합의가 형성되고 있다.

속도주의 경제성장의 배경으로는 고학력의 저렴한 임금노동자원의 원활한 공급에 기인하지만 이러한 장점들이 신흥 개발도상국의

---

21) 커즌(1996). 『100년 전의 여행 100년 후의 교훈』 p.63.

22) 그렙스트(2007). 『스웨덴기자 아손. 100년전 한국을 가다』 p.31.

23) 비데(2003). 『한국의 일상 이야기』 pp.35 - 36. 20세기 한국을 다녀간 프랑스 여행자들의 이야기를 보면 1950년대 이후에 한국에 서두르는 버릇이 생겨난 것 같다. 20세기 초에 한국을 여행했던 조르주 뒤크로(Georges Ducrocq)는 한국의 길에는 무사태평한 사람들 사이로 근심어린 표정으로 급히 지나가는 사람이 있을 경우 업신여기는 웃음을 띠고는 길을 내준다고 기록하였다. 30년 후에 장 마르탱(Jean Martin)도 서울에서는 사람들이 운집한 곳에서도 극동지방의 도시인 중국이나 일본의 도시에서 흔히 보이는 혼잡함이나 법석은 없다는 기록을 남겼다.

24) 압축적 근대화란 2~300년에 걸친 서구사회의 역사적 변천과정이 불과 3~40년이라는 초단기간에 재연된 대한민국 근대화의 특성을 지칭하는 용어이다. 압축적 근대화 개념에 대한 체계적인 학술연구로는 Chang(1999) 참조.

부상으로 인해 상쇄되면서 패러다임의 전환이 모색되었다. 즉 창의적인 사고방식에 기반을 둔 콘텐츠 산업의 특성은 목표달성의 수준을 계량 가능한 수치로 제시하지도 않고, 제시할 수도 없다는 점이다. 기존 속도주의 경제관념으로는 변모된 환경에 적응할 수 없게 되었고, 변화를 모색하고자 하는 일환으로 해외 장기여행을 실행하는 사람들이 매년 증가하는 것처럼 한 템포 느리게 가는 방향이 정착되고 있다. 이러한 추세가 반영된 시발점인 2000년 번역 발간된 피에르 쌍소(Pierre Sansot)의 『느리게 산다는 것의 의미』를 필두로 '느림'은 단순한 관심이 아니라 사회적 이슈로 부상하고 있다.

경제 영역에서 촉발된 패러다임의 변화 범위는 거대할 뿐만 아니라 점증적인 속도로 진행되는 관계로 감지하지 어렵지만 실생활의 영역에서 느림의 영향을 유추해 볼 수 있다. 패스트푸드의 천국인 미국에서도 학내에서의 패스트푸드 유입을 원천 금지하는 조치가 확산되는 것처럼 국내에서도 패스트푸드의 위험성에 대한 인식이 보편화되고 있다. 이처럼 불균등한 영양으로 건강에 유해한 영향을 미칠 수 있다는 점이 부각된 패스트푸드의 대안으로 전통 발효음식인 슬로푸드(slow food)가 부상하고 있다.[25] 그리고 느림의 영향은 슬로푸드로 대변되는 식생활에서부터 걷기 신드롬이 형성된 레저 활동의 영역에서도 새로운 패러다임으로 정착되고 있다.

느림에 대한 사회적 관심은 제주관광의 패러다임을 변모시키고 있다. 관광가이드의 일사불란한 통제로 수십 명의 관광객을 대형

---

25) 핼웨일(2008). 『로컬푸드』 p.243. 슬로푸드는 인공의 속도가 아니라 자연의 속도에 의해 생산된 먹을거리, 사철 먹을거리가 아니라 제철 먹을거리, 그리고 소비자에게서 먼 곳이 아니라 가까운 곳에서 생산된 지역 먹을거리라는 의미를 갖는다. 1986년 이탈리아에 진출하려는 맥도날드를 반대하면서 슬로푸드 운동이 본격화되었는데 1989년 파리에서 선언문이 발표됨으로써 국제적인 운동으로 발돋움하였다.

전세버스에 탑승시킨 채 주마간산(走馬看山)처럼 제주도를 일주하는 방식으로는 성장의 한계에 봉착한 것으로 진단되었다.[26] 이러한 전환기에 직면한 제주관광의 지속 가능성을 확보하기 위한 다양한 시도 중에서 느림을 배경으로 한 탐방과 걷기활동이 유력한 대안으로 부각되고 있다. 세계자연유산 '거문오름' 탐방코스는 사전 예약이 필요하지만 연일 최대수용인원에 육박하는 탐방객의 뜨거운 호응이 지속되고 있고, 천혜의 제주해안을 둘러보는 '제주올레' 탐방코스는 공전의 히트를 기록하고 있다. 그리고 서귀포 칠십리 축제를 제주대표축제로 육성하기 위해 서귀포시에서 선택한 축제 주제인 불로장생의 기본전제도 느림이라는 점을 감안하면 제주관광의 새로운 패러다임은 느림의 의미에 기반하고 있다.

느림은 제주관광의 새로운 패러다임으로 사실상 사회적 합의가 형성되었음에도 불구하고 일각에서는 속도에 집착하는 기존 패러다임의 사고방식으로 카지노와 경빙(競氷)사업 도입을 추진하고 있다. 슬롯머신 동전투입구에 동전을 투입하고 버튼을 눌러 화면에 당첨 가능성을 확인하는 시간은 길게 봐도 30초에 불과하고, 6명의 고객이 착석한 카지노 테이블에서 1회 게임이 완결되는 소요시간도 불과 5분 이내면 충분하다. 이처럼 속도에 의해 개인의 행동이 통제되는 카지노는 새로운 제주관광의 패러다임인 느림과 정면대치되는 개념이므로 제주관광은 양자택일의 기로에 놓여 있다. 즉 기존 패러다임의 틀에서 카지노와 경빙사업을 도입하든가, 아니면 활용 가능성이 무궁무진한 느림을 새로운 패러다임으로 선택할 것인지를 결정해야 한다.

---

26) 제주신문(1981/09/18). ≪走馬看山 제주관광, 단 10분간 들르는 곳도≫

2. 일확천금의 환상, 관광객카지노
- 윤리와 논리가 상실된 제주관광

　금융위기로 촉발된 미국의 난관은 우여곡절 끝에 승인된 구제금융 법안에도 불구하고 파산위기에 직면한 자동차 3사로 대변되는 제조업 전반으로 확산되고 있다. 아메리칸 드림의 상징으로서 존경의 대상이던 가진 자(the rich)의 도덕적 해이(moral hazard)를 접한 미국시민의 분노는 위로는 대통령으로부터 아래로는 하원의원에 이르기까지 민주당의 압도적 승리로 표출되었다. 정권을 장악한 민주당의 압력에도 불구하고 고통분담이 전제되지 않는 자동차 3사의 지원법안을 거부하는 공화당 및 백악관의 입장은 확고부동한 것으로 보인다.

　세계 최대시장인 미국 경제위기의 여파는 마치 지진해일처럼 진원지로부터 멀어질수록 피해범위 및 피해수준은 증대될 것으로 예상된다. 미국과의 경제격차수준이 낮은 유럽연합에서는 사전 대비로 피해규모의 최소화가 가능하지만 경제적으로 빈곤한 국가에서는 증폭된 피해강도를 감당하기 어려울 것이다. 우리나라는 경제규모로는 세계 10위권으로 평가되는 선진국이지만 OECD 회원국 중 수출의존비율이 매우 높은 경제구조로 인해 전 지구적인 경기침체 사태에 취약할 수밖에 없다.[27] 위기의식이 팽배해진 가운데 허리띠를 졸라매는 고통분담이 수반되어야 한다는 비장한 공감대가 우리 사회 전반에 형성되고 있다.

최악의 대외여건으로 위기에 직면한 우리 사회에서 회복해야 할 최우선 덕목은 사회 지도층의 노블리스 오블리제(nobles oblige) 정신이다. 사회적 약자를 대상으로는 고통분담을 강요하지만 실상 지도층이 교묘히 책임을 회피한다면 사회적 갈등이 심화되므로 이러한 국가적 위기상황을 극복하기 위해서는 사회 지도층의 솔선수범이 선행되어야 한다. 그리고 암울한 전망이 팽배해진 분위기에서 국가의 역할은 국민으로 하여금 꿈과 희망의 긍정적 이미지를 확신시켜 주는 것이다.

사회적으로 건전한 문화육성이 필요한 시점에서 내국인 출입이 가능한 카지노의 허용을 요구하는 제주도의 방향은 국민적 공감대를 형성할 수 없다. 좌절에 직면한 사회적 약자로 하여금 근로의 욕을 북돋아줄 수 있도록 국가차원의 미래비전을 제시해야 하지만, 자포자기에 직면한 사회적 약자를 대상으로 일확천금의 환상을 심어 주는 카지노의 허용을 요구하는 건 노블리스 오블리제를 포기한 것이다. 고통분담에 동참하기보다는 정반대로 국민적 고통을 기회로 인식하는 비윤리성으로는 세계적 관광지를 지향하는 제주도의 이미지와도 부합되지 않는다.

---

27) OECD(http://www.oecd.org)에서 발간한 통계자료에 의하면 2006년도 한국의 국내 총생산 중 무역이 차지하는 비중(share to trade in GDP)은 42.7%로 15%의 일본과 14.1%의 미국과 비교해 보면 무역의존도가 높은 한국 경제구조의 특성을 확인해 볼 수 있다.

제주도가 요구하는 내국인 카지노에는 제주도민의 출입을 불허하는 관계로 관광객전용카지노라는 명칭을 사용하고 있다. 제주도정이 제시하는 바처럼 카지노가 건전한 엔터테인먼트라면 문화향유기회가 빈약한 제주도민의 이용을 장려해야 하지만 정반대로 출입조차 원천 봉쇄한다고 한다. 사람과 상품, 자본의 자유이동을 허용하는 국제자유도시를 미래비전으로 설정한 제주도에서 실현주체인 제주도민의 출입을 배제하는 관광객전용카지노는 논리적으로도 부합되지 않는다.

관광객전용카지노 계획은 윤리적으로도 논리적으로도 타당하지 않다. 윤리적 관점으로는 카지노 계획 자체가 폐기되어야 하지만 제주도민의 출입이 허용되는 완전개방형 카지노라면 논리성은 확보할 수 있다. 즉 고통분담의 사회적 분위기와는 정면 위배되는 비윤리적 사업이기는 하지만 완전개방형 카지노인 경우 사람의 자유이동을 허용하는 국제자유도시의 기본취지는 준수할 수 있다. 그러나 윤리성이 전제되지 않은 섬이 세계적 관광지로 성장할 수 없음은 자명하다.

3. 관광객카지노의 정치적 이해타산
-5+2 광역경제권의 관점

국토발전의 기본전제로 형평성과 균형의 논리를 적용한 참여정부의 방향으로부터 2008년 집권한 실용정부의 향후 5년의 기본방향은 선택과 집중의 논리로 전환되었다. 선택과 집중의 논리에 의해 전 국토를 5개의 대권역과 2개의 특별권역으로 광역화한 이른바 5+2 광역발전계획에 의하면 제주도는 강원도와 더불어 2개의 특별권역으로 분류되었다. 2008년 12월 하순의 현시점에서 5개의 대권역 중 호남권을 제외한 나머지 4개의 대권역 및 2개의 특별권역에 집중 투자할 사업유형이 확정되었다. 관광산업의 경쟁자로서 동일한 특별경제권역으로 분류된 강원권의 집중육성사업으로는 의료관광이 결정된 반면, 물산업과 관광레저라는 2개의 사업이 제시된 제주도의 성과가 우세한 것처럼 보일 수 있다.

강원권의 집중전략산업으로 확정된 의료관광이란 별개의 영역으로 간주된 의료와 관광의 결합으로 막대한 경제적 파급효과가 기대되는 대표적인 복융합 산업이다.[28] 의료관광시장을 선점하고 있는 태국이나 싱가포르와의 격차를 고려하면 후발주자인 대한민국에서는 선택과 집중의 논리에 의해 의료관광 육성 지역으로 선정된 강원도로의 막대한 투자를 약속한 것이다. 의료관광산업기반이 사실상 전무한 관계로 투자규모가 증가할 수밖에 없는 강원권과 비교해 보면 제주도의 전략육성사업으로 선정된 물산업과 관광레저의 기반은 충분한 것으로 판단된다. 즉 일정 수준의 기반이 형성된 것으로 판단되면 국가로부터의 투자규모는 축소될 수밖에 없다.

물산업 육성의 본질인 '물'은 제주도의 내재된 자원이므로 외부로부터의 별다른 지원이 불필요하고, 먹는 물 시장의 선두주자로서 향후 개발보다는 보전이 필요하다는 점에서 국가로부터의 투자를 기대하기란 어렵다. 또 다른 집중육성사업으로 결정된 관광레저도 물산업의 논리와 마찬가지로 제주도의 내재된 자원을 활용한다는 점에서 외부지원의 수준은 최소화될 수밖에 없다. 무엇보다도 관광레저의 가시적인 투자사업으로 거론되고 있는 서귀포항 크루즈 건설계획, 즉 민군복합형 관광미항의 소요예산 1조 원 중 불과 500억여 원만이 크루즈 관련 시설로 투자될 뿐만 아니라, 민군복합형 관광미항 계획은 본질적으로 관광레저의 평화적 이미지와도 부합되지 않는다. 결국 막대한 외부지원이 확실한 강원도의 의료관광사업과 비교해 보면 제주도의 전략산업으로 선정된 물산업과 관광레저로 파생될 효과는 미미한 수준에 불과하다.

권역별 집중육성 대상으로 선정한 사업유형에 대한 강력한 반발 여파로 확정짓지 못한 호남권을 제외한 모든 광역권의 사업이 결정되었다. 막대한 경제적 파급효과가 기대되는 의료관광이 제시된

---

28) 유지윤(2006). 『관광사업의 복·융합화 촉진방안: 의료관광산업을 중심으로』

강원도에서 정부안을 수용한 것은 당연하지만 판이한 상황에 놓인 제주도에서 물산업과 관광레저를 제시한 정부안을 수용한 것은 무기력한 행위로 비춰질 수 있다. 경쟁대상인 경상권과의 차별을 제기한 호남권과 마찬가지로 제주도에서도 문제제기를 하는 것이 당연하지만 별다른 조치를 취하지 않았다. 이처럼 여타 권역별 집중 육성 대상으로 선정된 사업과 비교해 보면 경제적 파급효과의 수준이 미미한 물산업과 관광레저 사업을 수용한 이면에는 정부로부터 내국인 출입이 가능한 이른바 관광객전용카지노 허가를 이끌어 내겠다는 제주도의 야심찬 전략이 숨겨져 있다.

2006년 우리 사회를 강타한 바다이야기 사태 이후 사실상 논의가 금기시된 내국인 카지노는 제주도정의 강력한 추진의지의 결과 수면 위로 부상되었다. 2008년 12월 하순에는 민주당 소속의 제주 출신 국회의원이 주도하여 토론회를 개최함으로써 국회 차원의 공론화를 시도하고 있다. 언론보도에 의하면 토론회에 참가한 민주당 원내대표의 내국인 카지노에 대한 입장은 신중한 반면, 한나라당 원내대표의 입장은 추진의사를 적극적으로 개진하였다. 비록 한나라당 원내대표의 긍정적 입장표명에도 불구하고 애초 토론자로 섭외된 정부기관의 토론자가 불참한 것에서 알 수 있듯이 내국인 카지노 허용의 허가권자인 정부로서는 논의 자체도 거부하고 있는 실정이다.

제주도에서 요구한 내국인 카지노 허용에 맞장구를 친 한나라당의 입장은 보수이념과 기득권을 대변하는 당의 정체성과 부합되지만, 도덕성과 서민정서를 반영하는 민주당으로서는 불허입장을 견지해야만 한다. 그런데 한나라당 소속 국회의원의 호의적 입장을 토대로 내국인 카지노 허용을 요구하는 제주도정의 공세가 강화될수록 민주당의 입장은 난처해지게 된다. 즉 내국인 카지노가 사회적 이슈로 공론화되면 허가권자인 정부뿐만 아니라 언론에서도 도박중독의 폐해를 표출한 바다이야기 사태를 재론하게 된다. 결국 기억으로부터 잊혀져 가던 바다이야기 사태의 언론보도로 인해 참여정부의 실정이 부각되면서 민주당으로서는 여론의 역풍에 고스란히 노출될 수밖에 없다. 민주당 소속 국회의원이 공론화를 시도한 관계로 한나라당의 정치적 음모로 치부할 수도 없는 민주당으로서는 내국인 카지노 공론화 자체가 제 살 깎아먹기인 셈이다.

민주당이 석권한 제주출신 국회의원의 위상을 감안하면 민주당으로서는 내국인 카지노를 요구하는 제주도정의 입장을 무시할 수 없는 관계로 초기논의에는 협조하겠지만 전국적인 공론화에는 반대할 것이다. 내국인 카지노에 대해 긍정적인 입장을 견지한 한나라당에서는 심정적으로는 찬성하지만 지역형평성의 문제로 인해 법안입안을 시도할 수 없는 입장을 호소할 것이다. 한나라당으로서는 야당인 민주당 당론의 찬성입장 표명을 전제로 국회차원의 입법계획을 제주도정에 제시하게 될 것이다. 그러나 민주당의 이념과 지지기반을 감안하면 내국인 카지노 허용을 당론화할 수 없다는 점은 자명한 관계로 어떠한 시나리오에서든지 한나라당으로서는 어부지리의 결과를 얻게 될 것이다.

정부에서 확고한 불허입장을 표명하고 있는 내국인 카지노를 제주도정에서는 제주도가 직면한 문제점을 일거에 해소할 수 있는 이른바 '한 방'으로 인식하고 있다고 한다. 이론뿐만 아니라 현실적으로도 기적의 만병통치약은 존재하지 않는다고 보면, 제주도정의 당면과제는 현실을 직시하는 것이다. 즉 감기를 방치한 결과 폐렴으로 생사의 갈림길에 놓인 중환자에게 이른바 '몸짱'이 될 수 있는 금기약물을 처방하는 오진(誤診)을 합리화해서는 안 된다. 이처럼 부적절한 처방인 내국인 카지노의 '한 방'은 '헛방'에 불과할 뿐이다.

4. 관광객카지노와 제주관광의 관계
- 대형할인점의 독점구조와 유사

　제주도에서 추진하고자 하는 관광객전용카지노의 방향은 중앙정부를 대상으로 규제완화를 요구하는 제주도정의 정책방향과도 엇박자를 내고 있다. 국내 유일의 내국인 출입이 가능한 면세점이 운영되고 있지만 상품의 자유이동을 전제로 하는 국제자유도시의 취지를 토대로 제주도 전역의 면세화를 요구하고 있다. 이런 측면에서 사람의 자유이동이 전제된 국제자유도시의 이념을 토대로 내국인 출입이 가능한 카지노의 요구는 논리적으로 타당하지만, 제주도민의 출입이 배제될 뿐만 아니라 관광객의 출입횟수 및 1회 최대배팅금액이 제한된 관광객전용카지노의 추진은 자기모순임을 자인하는 격이다.

　사람의 자유이동을 보장하는 국제자유도시의 기본취지에도 불구하고 제주도민의 출입을 불허할 수밖에 없는 근거로는 예견된 도박중독의 폐해이다. 개인뿐만 아니라 단란한 가정마저 절망의 나락에 떨어뜨리는 도박중독의 폐해를 방지할 수 있는 유일한 방안은 내국인의 출입을 불허하는 것이다. 이런 맥락에서 제주도민의 출입이 불가능한 관광객전용카지노의 방향이 도박중독의 폐해를 고려한 것이라면 동일한 잣대가 관광객을 대상으로도 적용되어야 한다. 도박중독의 위험성으로부터 제주도민의 안위는 철저히 보호하는 반면 관광객을 대상으로는 잠재적 위험으로 유도하는 행위는 환대(hospitality)의 정신과도 부합되지 않는다.

관광객전용카지노 추진주체인 제주도정의 설명대로 관광객을 대상으로 연간 출입횟수 및 1회 최대배팅금액의 제한으로 도박중독으로 야기될 각종 문제의 통제가 가능하다면 동일한 논리가 제주도민에게도 적용되어야 한다. 내부인과 외부인, 즉 제주도민과 관광객을 구분하는 사고방식으로는 미래비전인 국제자유도시의 실현가능성이 불투명한 관계로 제주도민을 배제한 관광객전용카지노 계획 자체를 폐기하든지 또는 19세 이상의 성인출입이 자유로운 완전개방형 카지노 계획으로의 변경이 불가피하다.

도박중독으로 대변되는 사회문화적 측면의 부정적 영향에도 불구하고 관광객전용카지노를 추진하는 배경은 최소의 비용으로 최대의 효과를 기대할 수 있는 경제적 효과에 기인한다. 비록 타의 추종을 불허하는 사행산업의 경제적 효과를 감안하더라도 연간 출입횟수 및 1회 최대배팅금액이 제한된 관광객전용카지노의 수익구조로는 자칫 경제적 편익이 사회문화적 비용을 상쇄하지 못할 개연성도 존재한다. 즉 지출규모의 통제로 관광객전용카지노의 수익은 기대 이하로 판명된 반면 도박중독치료에 소요된 예산 및 제주관광의 이미지 훼손 등의 비용 측면이 부각될 가능성도 상정해야 한다. 이러한 위험부담에도 불구하고 경제적 편익에 대한 확신이 전제된 관계로 관광객전용카지노의 추진이 가능한 것이다.

연간 출입횟수와 1회 배팅금액이 제한된 수익구조에서도 기대이상의 경제적 편익의 확신은 카지노의 생리에 근거한다. 즉 과학에 기반을 둔 체계적인 시스템하에서 카지노 이용고객의 대다수는 잃을 수밖에 없는 카드를 선택하게 된다. 확률이 카지노 고객에게 우호적이라면 방영당시 신드롬이 형성된 <올인>과 동일한 주제의 드라마는 제작조차 고려될 수 없다는 점을 감안하면, 카지노 시스템에서 생존 가능한 고객유형은 극소수의 전문가로 제한된다. 이런 측면에서 관광객전용카지노를 방문한 대다수 관광객의 지갑을 허전케 할 수 있는 확신이 가능해진 것이다.

언론보도를 종합해 보면 연간 이용횟수 및 1회 최대배팅금액의 상한선은 각각 10회와 100만 원이 유력하다. 경제적 효과의 극대화 관점이라면 이용횟수와 최대배팅금액의 기준을 상향해야 하고, 역으로 사회문화적 비용의 최소화가 최우선 고려대상이라면 현행 기준보다 하향해야 한다. 이런 정황을 감안하면 연간 10회의 이용횟수와 100만 원으로 결정된 1회 최대배팅금액은 사회문화적 비용은 최소화하면서 기대된 경제적 편익 창출이 가능한 최소한의 기준으로 간주할 수 있다. 결국 도박중독의 폐해를 고려하여 1회 최대손실금액이 100만 원으로 제한된 시스템에서 기대된 경제적 편익을 거두기 위해서는 각 관광객으로부터 100만 원의 이익창출이 가능한 시스템이 구비될 수밖에 없다.

제주관광의 평균예산범위를 감안하면 100만 원으로 제한된 1회 최대배팅금액은 제주관광구조에도 변화를 초래할 것이다. 2박 3일 기준으로 1인 평균 50만 원 내외의 예산으로 제주를 방문한 관광객이 관광객전용카지노에서 100만 원에 육박한 금액을 잃게 되면 사전 계획한 제주관광일정의 수정이 불가피해진다. 계획에 없었던 손실로 인해 특급호텔/고급펜션의 숙박예약을 취소하고 저렴한 여관으로 숙박장소를 변경하고, 유료관광지로부터 무료입장이 가능한 관광지로의 변경, 그리고 고가의 제주향토음식으로부터 저가의 식음료 선택이 불가피해질 것이다. 예를 들어 2명의 커플이 각자 100만 원을 잃는 상황을 상정 가능한 것처럼 2명의 커플 모두가 수백만 원의 횡재도 가능하지만 카지노 시스템은 대다수 이용고객의 손실을 전제로 하고 있다.

관광객전용카지노로부터 야기될 도박중독의 폐해로부터 유일한 구제대상으로 확신한 제주도민은 새로운 위험에 노출될 것이다. 즉 관광객전용카지노의 수익이 증대될수록 지출여력이 감소된 관광객을 대상으로 사업을 영위하는 중소규모 관광사업체의 수익구조는 악화될 개연성이 높아질 것이다. 동네 구멍가게와 중소 슈퍼가 상생하던 시장에 대형할인점이 등장하면서 약육강식의 냉혹한 경쟁논리에 의해 강자의 시장독점구조는 확고해지는 것과 마찬가지로 관광객전용카지노가 미래의 제주관광에 미칠 암울한 전망을 그려보는 건 어렵지 않을 것이다.

Part Ⅲ. 한라산 케이블카

1. 한라산 케이블카의 사회적 합의
- 지속 가능한 개발의 관점

한라산에 케이블카를 설치하는 논의가 공론화된 시점을 제주도에서 6만 원의 조사비용을 책정한 1962년으로 소급한다면 40여 년의 시간이 경과된 현시점에서도 사회적 합의는 도출되지 못하고 있다.[29] 공론화가 시작된 1960년대 초반부터 경제적 파급효과에 주목한 찬성 입장과 환경보전의 미래가치를 강조한 반대 입장이 팽팽히 맞서면서 현시점인 2009년도에도 케이블카 설치계획은 무산된 상태이다. 결과론적으로 환경보전의 논리가 채택된 한라산은 성산일출봉과 거문오름 용암동굴계와 아울러 2007년 7월 국내 최초의 세계자연유산 목록에 등재될 수 있었다.

한라산에 케이블카가 운행되고 있다면 가정하면 탐방객의 증가로 일정 수준의 경제적 효과는 발생하지만 역으로 탐방객 증가로 일정 수준의 환경훼손은 불가피해진다. 무엇보다도 케이블카 운행

---

29) 제주신문(1962/09/04). ≪實現되려나 道民의 꿈, 漢拏山頂까지 케이블카≫

을 가능케 하는 인공구조물의 존재로 인해 자연경관의 가치가 저해되므로 세계자연유산의 관할기관인 유네스코의 엄격한 심사기준 충족은 사실상 불가능해진다. 유사한 사례로 광범위한 산악면적에서 자생하는 각종 동식물의 가치를 인정받아 국내 최초로 유네스코로부터 생물권보전 지역으로 지정되었을 뿐만 아니라 천혜의 자연경관으로 연중 탐방객의 방문이 끊이지 않는 설악산을 국내 최초의 세계자연유산으로 등재하고자 한 국가 차원의 시도는 실패하였다. 지질학적·생물학적 관점에서 설악산 및 한라산과 유사한 가치를 평가받고 있는 산악지형은 세계 도처에서 어렵지 않게 발견할 수 있지만 케이블카가 설치된 설악산과는 달리 한라산처럼 인위적 개발이 최소화된 공간은 매년 감소하고 있다.

한라산 케이블카 설치논의가 본격화된 1960년대 초반부터 환경보전의 논리를 강조한 반대 입장에서도 세계자연유산 등재를 염두에 둔 것은 아니다. 그러나 경제적 파급효과를 강조한 찬성논리에 동조하는 여론이 강화되면서 환경보전으로 인한 편익을 유형화할 필요성이 시급한 반대 입장에서는 국내 최초의 세계자연유산 등재는 적절한 대상이었던 것이다. 결국 팽팽한 찬반양론으로 40여 년 가까이 케이블카 설치가 무산되면서 후속세대는 의도치 않은 혜택을 받게 된 것이다. 엄밀히 말하자면 후속세대를 배려하여 케이블카 설치를 보류한 것은 아니지만 결과론적으로 후속세대에게 한라산을 세계자연유산목록으로 등재할 수 있는 잠재력을 유산으로 남겨 준 것이다.

서구의 합리성에 근거한 과학기술의 무한한 잠재력을 확신하고 있던 1970년대 초반 당대 석학들의 모임인 로마클럽에서 제시한

‘성장의 한계’(the limits to growth)는 비단 환경론자의 근거이론으로 활용되었을 뿐만 아니라 성장지상주의자에게 영향을 주었다.[30] 즉 지속적인 성장을 위한 수단으로써 환경의 중요성이 인식된 결과 이른바 ‘지속 가능한 개발’(sustainable development)이라는 표현이 도출되었지만 현시점에서도 명확한 개념은 정립되지 않고 있다. 그럼에도 불구하고 ‘지속 가능한 개발’이라는 표현의 일반화에 지대한 영향을 미친 계기는 1987년 ‘환경과 개발에 관한 세계위원회’(WCED)에서 발간한 보고서인 ‘우리공동의 미래’(Our Common Future), 일명 브룬트란트 보고서(Brundtland Report)에서 정립한 개념정의에서 찾아볼 수 있다. 즉 지속 가능한 개발이란 “미래세대의 욕구충족을 저해하지 않는 범위 내에서 현세대의 욕구를 충족하는 것”[31]으로, 만약 한라산에 케이블카가 설치되었다면 미래세대로서는 세계자연유산 등재라는 욕구충족이 사실상 불가능해졌을 것이다.

환경과 개발에 관한 세계위원회(WCED)에서 정의한 ‘지속 가능한 개발’의 전제조건은 미래세대의 욕구충족을 저해하지 않는 수준을 파악해야 한다. 그러나 현시점에서 개발된 최고의 과학기법을 적용하더라도 단기시점의 미래예측 적중률도 높지 않아 역술이나 샤머니즘 등의 비과학적 방식을 대안으로 선택하는 사람도 적지 않다. 최소한 15년이나 30년 후인 미래세대의 욕구를 과학적 방법으로 예측하는 건 명백한 한계가 있을 수밖에 없는 관계로 현세대로서는 최대한의 잠재력을 남겨 주어야 한다. 이런 관점에서 2007년 세계자연유산으로 등재된 한라산의 원형을 최대한 보전하는 것

---

30) 험프리 · 버틀(1995). 『환경사회학』 제4장 「성장의 한계 논쟁의 사회학」 참조.
31) 세계환경발전위원회(1994). 『우리 공동의 미래』 p.75.

이 현세대의 의무이다. 골프장의 난립으로 중산간의 이용 잠재력 대부분을 소진해 버린 현세대에서 미래세대를 위해 남겨 줄 유산은 한라산밖에 없다. 따라서 한라산 케이블카의 결정권한은 단기적으로 15년 후인 2020년 또는 장기적으로 30년 후인 2035년을 즈음하여 미래세대에게 넘겨주어야 한다.

마하트마 간디(Mohandas Gandhi)는 "지구는 모든 사람의 필요를 충족시키기에 충분하지만 한 사람의 욕구를 충족시키기에도 부족하다."라는 명언을 남긴 바 있다.[32] 세계자연유산으로 등재된 한라산은 제주도민과 대한민국 국민뿐만 아니라 전 세계인의 공유된 자산으로 특정계층의 욕구충족의 관점에서 접근한다면 회복 불가능한 상처를 받게 될 것이다. 의도치 않았지만 케이블카 설치로부터 한라산을 보호한 前 세대 덕택에 現 세대에서 세계자연유산의 혜택을 누리고 있다면 미래세대의 욕구충족이 가능해지도록 최대한의 잠재력을 남겨 주는 것이 현세대의 당연한 의무이다.

---

32) 슈마허(1986). 『작은 것이 아름답다』 p.36.

2. 제주설화의 관점에서 본 한라산 케이블카
- 신비성을 활용한 스토리텔링의 적용

　한라산은 예로부터 제주인의 정체성을 상징하는 정신적인 지주일 뿐만 아니라 한민족 전체의 신성시된 장소로 간주되었다. 제주인은 산정 화구호인 물장오리 오름과 한라산의 영실기암을 제주 전래의 설화(說話)인 설문대할망 및 오백 장군(五百 將軍)과 자연스럽게 결부하여 정체성을 형성한다. 또한 한라산은 백두산과 금강산과 아울러 민족의 3대 영산으로 오래전부터 신성시되어 통일을 염원하는 상징적 의례로서 백록담 천지와 한라산 백록담의 물이 합수되고 있다. 이처럼 한라산은 제주인뿐만 아니라 한반도에 거주하는 민족 전체에게 신비의 대상으로 각인된 관계로 한라산 케이블카 설치논의는 전국적인 관심사로 대두되어 왔다.

　한라산 케이블카 설치를 반대하는 집단에서는 환경보전의 당위성을 논리적 근거로 제시하고 있다. 그렇지만 제주도민을 대상으로 실시된 여론조사의 결과 반대의견을 피력한 제주도민 전체가 환경훼손에 대한 우려감으로 케이블카 설치를 반대하는 건 아니다. 세계적인 관광목적지를 지향하는 발전전략이 사회적 공감대를 형성하면서 관광기반조성과정에서 불가피하게 야기되는 환경훼손은 일정 수준 범위에서 용인되어 왔지만 친환경적 공법을 전제로 한 케이블카 도입계획은 번번이 반대여론을 설득하지 못하고 있다. 즉 한라산 케이블카 조성계획을 반대하는 여론의 기저에는 환경파괴의 측면도 영향을 미치고 있지만 본질적으로 제주 정체성의 근간인 신비성을 상실할지 모른다는 두려움이 작용하고 있는 것이다.[33]

한라산 케이블카 설치 지역으로 거론되는 영실기암은 실수로 어머니인 설문대할망을 살해한 오백 명의 아들이 죄의식을 참지 못해 기암괴석으로 형상화된 장소로 구전되고 있다.[34] 심리학적 관점에서 어머니를 향한 아들의 사랑이 심리적으로 왜곡되어 아버지를 경쟁자로 간주함으로써 궁극적으로 아버지에 대한 미움감정이 행동으로 표출되는 오이디푸스 콤플렉스(Oedipus Complex) 측면에서 오백 장군의 이야기는 양면적으로 해석될 여지가 있다. 즉 서구사회에서 오이디푸스 콤플렉스는 아버지를 살해한 아들의 심리적 상태를 묘사한 것이므로 실수로 어머니를 살해한 제주의 설화는 정반대 상황인 것처럼 보이지만 제주 전통설화에서 등장하지

---

33) 제주신문(1977/11/25). ≪한라산의 백록담碑 : 인공적인 것은 神聖性을 훼손≫ 한라산 정상에 자연석 비(碑)를 세우는 행위에 대해서도 다음과 전제조건을 제시하고 있다. 즉 산의 고유성과 조화를 이뤄야 하는데 여기서 말하는 고유성이란 자연풍광뿐만 아니라 산의 신화성(神話性), 즉 전설과 신앙의 원천으로서의 신성한 이미지까지 포함하는 개념이다. 그런데 신성성은 알다시피 인위(人爲)를 초월하는 힘에서 느끼는 엄숙함이며 따라서 인공적인 분위기와는 완전히 상반되는 감정이므로 인공의 흔적이 배제되어야 한다는 점이다.

34) 제주도 한라산생태문화연구소(2006). 『한라산의 구비전승・지명・풍수』 pp.47 - 49. 저자는 영실기암의 오백 장군, 즉 오백나한 전설은 설문대할망에 대한 신화에 불교적 요소가 첨가된 것으로 보고 있다. 그리고 설문대할망은 거녀이므로 오백 명의 아들을 낳을 수는 있지만 가마솥에 발을 잘못 디뎌서 빠져 죽었다는 것은 설득력이 없다고 단언하고 있다. 그러나 과학적인 기준으로 설명하기보다는 상상력이 전제된 설화의 구조를 수용한다면 충분히 가능한 사건이다.

않는 아버지의 존재, 즉 설문대할망의 남편은 이미 아들인 오백 장군에 의해 살해되었을 개연성이 있다. 이처럼 제주설화에서 아버지의 부재는 오이디푸스 콤플렉스의 관점으로 접근할 수 있지만 또 다른 관점으로는 자녀들을 먹어치운 아버지 크로노스(Cronos)와의 대결에서 승리하여 새로운 신화의 시대를 개막한 제우스(Zeus) 관점으로부터의 해석도 가능하다.

한라산 영실기암의 스토리는 학술적 연구주제로의 가치가 무궁무진할 뿐만 아니라 일반인에게도 흥미진진한 이야깃거리로 평가될 잠재력도 충분하다. 이러한 제주의 전통설화를 접하면서 성장한 제주도민이 작금의 과학문명의 시대에서도 제주설화를 근거 없는 비합리적인 미신으로 치부하지 않는 기저에는 보편성과 특수성이 동시에 내재된 제주설화의 독특한 구조에 기인하는 것이다. 따라서 과학적인 방식으로 설명할 수는 없지만 정서적으로 제주설화의 유무형적 가치를 충분히 인식하고 있는 제주도민으로서는 제주설화의 중심지인 한라산의 신비성을 훼손하는 케이블카 설치에 깊은 우려감을 표명하고 있다. 즉 제주설화의 신비성을 저해하는 인위적 개발은 지양하고 세계적으로 널리 알려진 그리스·로마신화를 모델로 제주설화의 세계화를 모색하는 콘텐츠 개발방안이 선행되어야 한다.

경쟁이 치열해지고 있는 관광시장에서 경쟁우위를 확보할 수 있는 차별화 방안으로 스토리텔링(storytelling) 기법이 주목받고 있다. 관광시장에 뒤늦게 합류한 관광목적지로서는 낮은 인지도를 높이기 위한 방안으로 고급화 전략을 채택하고 친절한 서비스를 제공하고 있지만 대동소이한 관광목적지 간의 차별화에 실패하면서 재정파탄의 위기에 직면한 사례도 발생하고 있다. 이러한 치킨게임의 딜레마에서 탈피할 수 있는 차별화된 방안으로 스토리텔링의 효율성이 입증되면서 관광목적지에서는 독특한 이야기 발굴에 사활을 걸고 있다. 그러나 차별화된 이야기의 발굴은 결코 용이하지 않은 관계로 존재하지 않는 이야기를 창조하려고 해도 신비성이 형성되지 않아 고민하는 관광목적지도 부지기수인 점과 비교해 보면 스토리텔링의 원재료로서 제주설화의 잠재가치는 무궁무진한 것으로 평가된다.

제주 전통설화의 중심지인 한라산에 케이블카가 설치된다면 일정 수준의 이용수익은 발생하겠지만 신비한 매력이 소멸되면서 제주설화를 활용한 스토리텔링의 성공 가능성은 희박해지게 된다. 즉 '선택과 집중'의 원리에 따라 탑승요금이라는 눈앞의 단기이익을 좇는다면 케이블카를 설치하고, 장기적인 안목으로 제주설화를 활용한 스토리텔링의 잠재가치에 집중한다면 케이블카 설치는 미래세대의 선택으로 남겨 주어야 한다.

3. 상징소비의 관점에서 본 한라산 케이블카

- 대한민국 최고봉 등반의 의미

동서고금을 막론하고 아군의 위치는 최대한 잠복한 채 적군의 동태를 은밀히 파악할 수 있는 고지(高地)의 선점은 전쟁의 승패를 결정짓는 중요한 전술로 운용되고 있다. 군사목적 외에도 세속적인 공간과의 상징적 분리를 형이상화한 종교시설의 입지도 언덕 등의 고지가 선호되고, 오염된 대기에서 전파되는 질병의 치료와 요양의 목적으로도 고지대가 최적입지로 활용되었다. 오늘날에는 거주공간의 쾌적성뿐만 아니라 특히 전망(展望)의 가치가 높게 평가되면서 최고가의 주택 상당수는 산 능선 지역 또는 고층에 입지하고 있다. 이러한 고지대의 전망을 선호하는 경향은 적의 침입으로부터 비교적 안전한 나무로부터 전 지구적 환경변화로 인해 지상으로 생활공간을 옮길 수밖에 없었던 인류 진화의 관점으로도 설명할 수 있다.[35]

고지대 선점의 동기로 생존경쟁의 우위를 확보하기 위한 인간 본능의 차원은 전쟁이라는 극한상황에서만 드물게 표출되는 반면,

---

35) 피셔(1996). 『성의 계약』

평상시 일상생활에서는 상징소비의 차원이 두드러지고 있다. 즉 탁 트인 전망을 보유한 주택의 소유는 물질적인 부유뿐만 아니라 사회적으로 성공한 사람임을 상징하는 것이다. 그러나 고지대의 주택을 보유함으로써 자신의 성공을 외현화할 수 있는 계층은 극히 제한된 관계로 대다수 사람들은 개방된 산 정상을 정복하는 방식으로 성공의 내면화를 추구한다. 즉 고지대에 입지한 화려하고 편안한 주택의 독점이 어려운 계층은 험난한 등반과정을 거쳐 일시적이나 정상을 정복함으로써 자기 자신과의 싸움에서 승리한 쾌감을 만끽하고자 한다.

산 정상의 고도가 높아질수록 정상정복의 과정은 험난해질 수밖에 없는 관계로 극기의 희열을 만끽하고자 하는 사람으로서는 가급적 고도가 높은 산을 선호한다. 그러나 고도가 높아질수록 전문적인 등반숙련이 요구될 뿐만 아니라 등반에 필요한 시간적·경제적 투자도 증가하게 된다. 즉 일정 고도를 상회한 정상의 정복은 전문산악인의 업무 영역으로 일반인의 레저 활동의 범위를 초과하게 된다. 그런데 산악 국립공원의 고도가 해발 2,000m 이상이 존재하지 않은 대한민국의 산악 등반난이도는 건강한 일반인이라면 충분히 정상정복이 가능한 수준이므로 가급적 최고봉 정복에 대한 욕구가 내재되어 있다. 이런 측면에서 해발 1,950m의 한라산은 대표적인 상징소비의 대상으로 인식되고 있다.

한라산은 대한민국의 최고봉이지만 신체 건강한 성인이라면 등반에 요구되는 최소한의 장비만 제대로 구비한다면 당일 정상정복이 가능하다. 현재 수단의 논리성 및 윤리성은 간과한 성과지상주의가 팽배해진 사회 분위기에서도 정상정복이라는 성과보다는 과정이 중요시되는 것이 산악등반이다. 등산객은 한라산 정상에 다다르는 과정 자체에 의미를 부여하지만 대한민국 최고봉이라는 상징으로 인해 정상정복이라는 성과에도 상당한 의미를 부여하고 있음을 알 수 있다. 이런 점을 감안하면 한라산 케이블카 설치계획은 등반과정뿐만 아니라 성과 측면의 충족도 사실상 불가능해진다.

한라산 케이블카 설치계획은 영실로부터 해발 1,700m의 '윗세오름'까지 총 연장 4㎞ 내외의 구간을 연결하는 것이다. 최소한의 등반장비를 갖추지 않은 관광객이라도 대형 전세버스를 이용하여 케이블카 탑승 출발구간인 영실에 도착한 후 케이블카로 대략 20분 이내에 종점인 해발 1,700m의 '윗세오름'에 도착할 수 있다. 한라산 정상인 백록담을 지척에서 조망할 수 있지만 '윗세오름'으로부터의 정상정복이 불허되는 관계로 관광객은 철조망에 갇힌 동물처럼 일정 공간에서만 이동의 자유가 허용된다. 이처럼 케이블카 종점으로부터 한라산 정상정복이 불허되는 관계로 케이블카 탑승은 등반과정의 묘미뿐만 아니라 최고봉 정복이라는 성과도 체험할 수 없는 구조적 한계에 부딪치고 있다.

2008년 7월 제주특별자치도 세계자연유산본부의 의뢰로 제주발전연구원이 수행한 '한라산탐방객 적정수용 관리용역'에 의하면 1일 최대 사회적·물리적 수용력의 한계는 6,086명으로 제시되었다. 용역내용에 의하면 적정수용력 유지를 위해 등산객 분산방안을 제기하고 있는데 케이블카가 설치된다면 특정 지역에 일거에 탑승객이 집중되는 정반대의 상황이 발생할 수밖에 없다. 이처럼 케이블카 종점인 윗세오름에 관광객이 몰리게 되면 답압(踏壓)으로 인한 환경훼손은 피할 수 없게 된다. 무엇보다도 케이블카 종점으로부터

지척인 한라산 정상으로의 진입이 불허된다면 케이블카 이용매력도가 지하되고 치후 정상정복 허용을 요구하는 관광객의 집단민원으로 인해 제주도로서는 갖은 명목을 들어 정상정복 허용을 추진할 수밖에 없을 것이다.

케이블카를 이용해서 한라산 정상정복이 가능해지면 관광객의 증가로 인한 환경훼손의 문제점뿐만 아니라 한라산의 매력도 감소가 심각한 문제로 대두될 것이다. 즉 백두산 및 금강산과 더불어 민족 3대 영산인 한라산 정상정복 과정이 일상적인 산책과 동일시되면서 신비성의 상실이 불가피해진다. 케이블카 탑승으로 등반과정의 참된 의미가 상실된 채 정상에 다다른 관광객을 바라보는 일반 등산객의 미묘한 시선이 향후 제주관광 전반으로 확대된다면 관광목적지로서의 이미지에도 부정적 영향을 미칠 것이다.

4. 한라산 케이블카 찬반논리의 대결
- 교통약자의 이동권리 관점

　한라산 케이블카 설치를 허용하자는 찬성 입장과 정반대로 불허해야 한다는 반대 입장이 한 치의 양보도 없는 상태로 40여 년간 대치하고 있다. 이처럼 40여 년의 기간이 경과되었지만 찬성 및 반대 입장의 핵심논리는 거의 변하지 않은 채 유지되어 왔다. 케이블카 설치를 찬성하는 핵심논리인 경제적 파급효과 및 반대편의 핵심논리인 환경보전의 관점은 지난 1960년대 제시된 이래 현시점인 2009년도에도 구체성이 결여되어 있다.[36] 40여 년의 시간이 경과되면서 각자의 논리를 구체화하고 과학적인 방식으로 검증할 수 있는 기법이 정교화되었음에도 불구하고 찬성 및 반대편 논리의

---

36) 일반적으로 보전(保全)과 보존(保存)의 의미는 다음과 같이 구분하고 있다. 보전(conservation)이란 다소 원상이 변형된 생태계에 대한 관리로써 제한적인 이용과 최소한의 인위적 관리를 도모하는 것이다. 보존(preservation)이란 원상태의 고유한 생태계 유지를 위해 이용은 물론 인위적 관리도 하지 않는 것이다. 그러나 물리학 용어인 '에너지 보존'(energy conservation)이라든지 화학 등의 분야에서 쉽게 변질되지 않는 물질의 특성인 '보존성'(conservative property) 등의 사례를 들면서 이도원(1999)은 정반대 입장을 견지하고 있다. 즉 보전(保全, preservation)이란 인위적 관리를 전혀 하지 않는 상태인 반면, 보존(保存, conservation)이란 제한적 이용과 최소한의 인위적 관리를 도모하는 것이다.

기반은 과학보다는 감성에 치워져 있다.

찬성 및 반대논리의 설득력 강화가 가능한 과학기법의 발전에도 불구하고 양측 모두 구체적인 자료개발은 기피하고 있다. 이러한 논리개발이 행동화되지 않는 이면에는 외부 전문 집단에게 의뢰한 설득논리의 결과물에 대해 상대편에서 인정하지 않는 풍토가 만연해진 탓일 수 있다. 즉 가치중립적으로 적용되어야 할 과학기법이 찬성 입장에서 의뢰하면 찬성증거는 강화하고 반대논리는 과소평가하고, 역으로 반대 입장에서 의뢰하면 찬성논리가 평가절하되었을 것이라고 상대방의 결과물을 상호 불신하는 것이다. 이러한 정황을 감안하면 양편 모두 여론의 감정적인 면에 호소하는 방식이 설득력이 높다는 점을 인식하고 있는 것이다.

한라산 케이블카 설치를 둘러싸고 찬성과 반대편 핵심논리의 구체성이 결여되면서 한 치 양보가 없는 대치구조가 지속되어 왔다. 이러한 대치구조에서 무게중심의 추를 유리한 방향으로 이동시킬 수 있는 방안은 새로운 주변논리를 개발하여 여론에 호소하는 것이다. 구체성이 결여된 경제적 효과와 환경보전의 논리를 내세운 찬성과 반대 입장에 대해 양비론적 태도를 견지한 지역여론의 향방은 문제해결에 도움이 되는 새로운 관점을 제시한 측에 호의적인 태도를 표명할 수밖에 없다. 이런 점에서 장애인의 이동권리를 내세운 찬성 측의 새로운 주변논리는 여론의 지지를 이끌어 낼 잠재력이 높다.

대한민국의 최고봉이자 국내 최초의 세계자연유산으로 등재된 한라산에 신체 건강한 사람뿐만 아니라 거동이 불편한 장애인의 등반까지 고려해야 한다는 논리는 사회적 형평성의 관점에서 설득력이 충분하다. 그러나 찬성 입장에서 제시한 장애인 이동권리가 한라산 케이블카 설치를 합리화하는 수단으로 전락되지 않으려면 유사한 사례에도 적용되어야 한다. 즉 세계자연유산으로 등재된 성산일출봉의 정상에도 장애인이 접근할 수 있는 새로운 교통수단의 개발이 병행되지 않은 채 한라산 케이블카 설치로만 논의를 제한하면 진정성을 의심받지 않을 수 없게 된다.

제주의 대표적인 상징인 한라산을 방문하지 않은 제주관광은 의미가 퇴색되는 관계로 장애인의 접근성을 향상시켜 줄 방안을 모색하는 건 당연하다. 이런 점에서 한라산 케이블카 설치 이전에 거동이 불편한 장애인 이동수단의 편리성을 개선하는 방안이 선행되어야 한다. 즉 장애인의 독립적인 제주관광이 가능해지도록 유니버설 디자인(universal design) 관점에서 관광지의 개보수가 필요하고, 이동권의 관점에서 렌터카와 관광전세버스에 대한 개선이 선행되어야 한다. 장애인 운전이 가능한 렌터카의 충분한 확보 및 휠체어 또는 목발로도 탑승이 가능하도록 관광전세버스의 개선이 요구되는 시점이다.

일상거주지에서 자가운전이 가능한 장애인으로서는 렌터카로 자유자재로 이동하는 여타 관광객처럼 장애인용 렌터카를 운전하면서 관광할 수 있어야 한다. 그리고 모든 관광전세버스의 개보수가 현실적으로 비효율적이라면 장애인전용 저상버스를 도입하는 방안이 바람직하다. 그러나 현시점에서 제주도에서 이용 가능한 장애인용 렌터카 비중은 극히 미미한 상황에서 한라산 케이블카 설치의 당위성을 위해 장애인 이동권리를 내세우는 건 전후관계가 역전된 것으로 볼 수 있다. 따라서 한라산 케이블카 찬성 측에서는 우선 장애인 이동수단의 선택범위를 확대한 후 찬성의 주변논리로 장애인 이동권리를 내세우는 것이 윤리적이다. 반대 측에서는 구체성이 결여된 환경보전이라는 논리 이외에 공감대 형성이 가능한 주변논리 개발에 역점을 두어야 할 것이다.

Chapter Ⅲ

제주관광의 홍보마케팅 전략

Part Ⅰ. 도시슬로건

1. 제주 도시슬로건에 대한 불편한 시선 Ⅰ
-I Love NY과의 비교분석

　제주국제공항에 도착한 후 시내방향으로 이동하다 보면 외국어로 표기된 대형 안내판과 마주치게 된다. 공항 입구에서는 영어와 일어, 중국어로 표기된 독립된 3개의 안내판이 설치되어 있고, 시내 주요 교차로에서도 3개 언어로 표기된 대형 안내판이 설치되어 있다. 대형 안내표지판인 관계로 도보로 이동하거나 또는 버스 창밖에서 여지없이 시선을 잡아채는 홍보슬로건에 무덤덤해질 때도 지났건만 오히려 의아스러운 사항이 차곡차곡 포개지고 있다.

　첫째, 외국관광객을 환영한다는 의도로 설치된 안내판의 실효성에 관한 문제이다. 특수한 분쟁 지역을 방문하는 예외적인 상황을 제외하면 제도화된 관광목적지를 방문하는 관광객 관점에서 환영받는다는 점은 당연한 것으로 인식한다. 단체여행일 경우 전세버스의 창밖에서 일순 스쳐가는 방문환영 슬로건에 노출되기도 어렵지만 설령 인식하더라도 관광객이 감동한다고 생각하는 건 무리이다.

관광종사원의 서비스라든지 지역주민의 친절 등 관광객은 관광활동 중 마주친 사람과의 조우(encounter)를 통해 해당 관광목적지의 환대정신을 평가하는 것이지, 고정 설치된 도로 안내판의 환영슬로건에 감동받지는 않는다.

둘째, 외국관광객은 배려된 반면 내국관광객은 배제된 측면이 다분하다. 영어가 상용화되어 있지 않은 제주의 현실에서 원활한 의사소통이 어려운 외국관광객을 배려하는 건 타당하지만 그렇다고 자국관광객 소외를 합리화할 수 없다. 도로에 설치된 대형 안내판의 효율성에 대해 부정적이지만 한국어는 배제한 채 외국어 안내판만 설치한 것은 외국관광객에 대한 과잉친절로 비춰질 뿐이다. 제주사투리를 제주어로 격상시키려는 논의는 활발하지만 정작 제주어로 표기한 환영슬로건을 도로변에 세우지 못하는 건 자부심과 정체성의 문제이다.

셋째, 영어 홍보문구인 We Love Having You Here는 공용어로서의 기능을 충족시키지 못하고 있다. 즉 영어 홍보문구의 노출대상은 비단 영어를 모국어로 사용하는 관광객뿐만 아니라 일본어와 중국어를 제외한 모든 언어사용집단을 전제로 하면 최대한 명확한 의미의 단어가 선별되어야 한다. 그럼에도 불구하고 진행형(~ing)이 좀처럼 사용되지 않는 단어 Have가 Having으로 표기되면서 다양한 의미로 해석될 소지가 있다. 예를 들어 '우리는 당신과 여기에 함께 있게 된 점을 사랑합니다'로 해석할 수 있고 혹자는 '우리는 당신이 여기를 방문해 주신 점 사랑합니다'로 해석할 여지도 있는 등, Having의 의미를 수용하는 방식에 따라 천차만별의 의미 해석이 이루어진다. 영어를 제2외국어로 구사하는 관광객인 경우 의미가 불명확한 Having이라는 단어를 아예 제외해 버리면 We Love You Here, 즉 '우리는 여기를 방문한 당신을 사랑합니다'라는 상투적 문구로 치부한다는 점이다.

넷째, 영어 홍보문구에서는 We(우리＝제주도민)와 You(당신＝관광객)가 명백히 구분되어 있다. 이처럼 우리(We)에 속하지 않는 모든 집단을 당신(You)으로 타자화하는(othering) 이분법적 구분은 배타성을 드러내 보이고 있다. 더구나 우리(We)와 당신(You)을 구분하면서 사랑(Love)한다는 환영슬로건에서 진정성을 체감하기 어렵다. 결국 제주국제자유도시의 이념이 개방과 포용을 전제로 한다고 보면 거주유무에 관계없이 우리(We)라는 단일 정체성이 부각되어야 한다.

제주의 홍보슬로건은 Love라는 강력한 감정표현 동사를 사용하고 있다. 홍보슬로건에 Love라는 단어가 사용된 사례로 1977년 도시마케팅 목적으로 개발하여 현재까지 사용되고 있는 뉴욕의 홍보슬로건인 I Love NY(나는 뉴욕을 사랑합니다)은 전 세계적인 인지도를 형성한 대표적인 홍보슬로건이다.[1] 이런 점에서 뉴욕 홍보슬로건과의 비교분석은 추후 미래지향적인 제주홍보슬로건 개발 및 평가에 일조할 수 있을 것이다.

첫째, 뉴욕의 홍보슬로건은 대상을 제한하지 않는다. 즉 제주의 홍보슬로건에서는 We(제주도민)와 You(관광객)가 명백히 구분되는 존재인 반면, 뉴욕에서는 오로지 I(나)만이 존재한다는 점이다. I(나)의 대상범위는 뉴욕에 거주하는 지역주민으로 한정되는 것이

---

1) 뉴욕도시슬로건 'I Love NY'의 개발배경에 대해서는 메이요・자비스(1998). 『여가관광심리학』 pp.72 - 73 참조.

아니라 뉴욕을 방문한 관광객도 낯선 이방인이 아닌 뉴요커(New Yorker)로서의 I(나)로 탈바꿈한다. 또한 <Sex and the City>나 <Friends>처럼 미국 영상문화에 매료되었다면 뉴욕을 방문하지 않았더라도 스스로를 뉴요커로 인식한다는 점에서 I(나)는 인종, 국적, 연령 등에 구애받지 않는 진정한 코즈모폴리턴을 의미한다.

둘째, 제주의 홍보슬로건과는 달리 뉴욕의 홍보슬로건에서는 장소성과 장소애착의 함의가 명확하다. 제주의 홍보슬로건에서 사용된 Here(여기)가 의도하는 바는 관광목적지로서의 제주를 의미하지만 감정(Love)의 지시대상은 관광객(You)으로 제주를 의미하는 Here(여기)가 아니다. 다시 말해서, We Love Having You Here(제주도민은 여기를 방문해 주신 관광객을 사랑합니다)에서 제주도민이 사랑하고자 하는 대상은 관광객(You)이지 삶의 터전인 제주(Here)가 아니라는 점이다. 이러한 제주의 홍보슬로건과 비교해 보면 I Love NY(나는 뉴욕을 사랑합니다)에서 지역주민으로서 I(나)가 사랑하는 대상은 삶의 터전인 뉴욕(NY)이고, 관광객으로서 I(나)가 사랑하는 대상은 관광목적지로서의 뉴욕(NY)이고, 마지막으로 뉴욕문화매료자로서의 I(나)가 사랑하는 대상은 문화수도로서의 뉴욕(NY)인 셈이다. 따라서 거주 여부를 막론하고 뉴욕(NY)이라는 장소를 매개로 전 세계 사람들이 장소성(sense of place)과 장소애착(place attachment)의 공유를 가능케 하는 슬로건이 I Love NY이다.[2]

---

2) 장소성에 대해서는 렐프(2005). 『장소와 장소상실』 제5장 「장소감과 참된 장소 만들기」 참조.

2. 제주 도시슬로건에 대한 불편한 시선 II
‑ 국제자유도시의 외국어선택

제주시 주요 도로 곳곳에는 제주방문을 환영하는 대형 안내 표지판이 설치되어 있다. 국제자유도시의 위상에 걸맞게 대형 안내표지판은 영어뿐만 아니라 일어와 중국어로 표기되어 있다. 영어를 제외한 일어와 중국어가 선택된 배경으로는 2006년 기준 전체 외국관광객 중 38%를 점유한 일본관광객과 중화문화권인 중국의 31%, 대만의 12%, 그리고 1.8%의 홍콩 관광객 현황이 감안된 것으로 보인다. 이처럼 제주를 방문한 전체 외국관광객의 82%를 구성한 일본과 중화권 관광객을 위해 일어와 중국어의 선택이 합리화된 것처럼 보인다.

현시점에서 제주를 방문한 최대 외국관광시장인 일본과 중화권 관광객 배려는 당연하지만 불과 0.2%에 불과한 독일 관광객을 위해 별도의 안내표지판 제작은 비용문제로 간과되는 것 같다. 제주에서 씀씀이가 큰 국적 관광객에게는 지극정성을 다해 손님으로 모시지만 당장 지출규모가 미미한 국적 관광객은 이방인으로 간주

하는 것 같다. 세계관광기구(UNWTO)의 통계를 인용해 보면 2006
년 관광지출 최다국가 1위는 748억 달러를 지출한 독일이며 4위는
322억 달러를 지출한 프랑스, 7위는 231억 달러의 이탈리아, 그리
고 9위는 188억 달러를 지출한 러시아인 것으로 나타났다.[3) 관광
지출 규모가 상위권에 속한 비영어권 국적 관광객의 제주방문 비
율이 미미해 제작비용의 한계로 일어와 중국어 표지판의 불가피성
이 제기될 수 있지만, 비영어권 관광객과의 의사소통시스템이 부재
한 관계로 관광지출대국인 독일 등의 외국관광객 제주방문비율이
미약할 수밖에 없다는 점을 설명해 주고 있다.

제주에서는 일본과 중화권 관광객을 제외한 여타 다른 외국관광
객은 모국어 여부에 관계없이 영어로만 의사소통을 해야만 한다.
앞서 제기한 바처럼 현재 제주방문 비중이 극히 미미한 비영어권
관광객을 위한 추가비용이 소요되는 안내표지판 제작보다는 세계
공용어인 영어표기만으로도 의사소통이 가능하다는 전제가 형성된
것 같다. 즉 독일과 프랑스, 이탈리아 또는 러시아 국적 외국관광
객의 제2외국어로서의 영어 이해능력은 일정 수준을 상회하고 있
다는 것인데, 역으로 생각해 보면 일본과 중화권 관광객의 영어이
해도는 최저 수준인 관계로 어쩔 수 없이 해당 모국어인 일어와
중국어 표기가 불가피할 수밖에 없다고 해석될 수 있다.

제주가 표방하는 국제자유도시란 표면상 사람과 상품, 그리고
금융의 장벽 없는 자유로운 이동이 가능한 도시를 지칭한다. 사람
의 자유로운 이동이란 국적에 관계없는 무비자 입국을 의미하기도
하지만 보다 중요한 함의는 제주로 입국한 외국인들이 국적에 구

---

3) UNWTO(2008). 『Tourism Highlights 2007 Edition』

속되지 않는 일체감을 체험하는 것이다. 즉 비영어권 관광객 관점에서 제주에서의 의사소통이 원활하지는 않지만 여타 다른 국적의 외국인들도 동일한 상황이라면 이질감과 소외감이 발생하지 않지만, 일본 및 중국 관광객을 배려한 정책이 비교대상으로 인지된다면 비영어권 관광객은 스스로를 환영받지 못한 이방인으로 생각할지 모른다.

　간략히 요약해 보면 일어와 중국어로 표기한 안내표지판은 개방과 포용이라는 국제자유도시의 의미를 충분히 반영하지 못하고 있다. 최대 관광시장인 일본과 중국 관광객을 위한 호의가 자칫 우리나라를 식민지배한 일본제국주의의 우월성을 확인하는 일본 관광객 및 중화주의의 상징으로 해석하는 중국 관광객을 양산하지는 않을까 우려된다.

3. 제주 도시슬로건의 변천과정

- 브랜드 통합의 관점

　제주의 관문인 제주국제공항 입구에서부터 시내 주요 교차로에는 'We Love Having You Here'라는 안내 표지판이 설치되어 있다. 직역하면 '우리(제주도민)는 여기(제주도)를 방문해 주신 당신(관광객)을 사랑합니다'로 해석 가능한 환영 문구는 국제자유도시이자 세계적 관광지를 표방하는 도시 브랜드로는 적합하지 않다. 첫째, 기억연상의 측면에서 5개의 영문단어로 구성된 환영문구 수의 비효율성에 관한 문제점이다. 둘째, 국제자유도시의 측면에서 우리(제주도민)와 당신(관광객)이라는 이분법적 구분에 대한 문제점이다. 셋째, 장소성의 측면에서 '여기'(제주도)라는 모호한 지시대명사의 사용에 관한 문제점이다.

　2008년 8월 하순 중앙 및 지역 언론보도에 의하면 사단법인 한국브랜드경영협회가 주최하고 ICM 국제협력경영원 주관의 '2008 대한민국 소비자신뢰 대표브랜드'의 공공행정/지역관광부문의 대상으로 제주도의 관광브랜드인 '아일랜드 제주'가 선정되었다. 대상을 수상한 '아일랜드 제주'를 도시 브랜드의 관점에서 조망하면 첫째, 2개의 단어로 구성된 관계로 기억연상이 용이하고 둘째, 지역 주민과 외지인에 대한 구분이 없는 포용의 이미지가 연상되고 셋째, '섬'으로서의 명확한 제주도의 장소정체성이 부각된다는 점이다. 제주도의 관광브랜드로서 '아일랜드 제주'의 공개 이전 시점, 즉 2008년 8월 하순 이전의 활용된 도시 브랜드로는 'We Love Having You Here'가 유일하다는 점에서 향후 공식적인 도시 브랜드로서 '아일랜드 제주'에 대한 홍보와 활용이 모색되어야만 한다.

2008년 12월 하순 중앙 및 지역 언론보도에 의하면 제주도의 새로운 도시브랜드로서 '오로지 제주'를 의미하는 'Only Jeju'가 선정되었다. 4개월 전인 8월 하순 제주도의 관광브랜드로서 '아일랜드 제주'가 '2008 대한민국 소비자신뢰 대표브랜드'의 공공행정/지역관광부문의 대상으로 선정된 이후 '아일랜드 제주'는 공식 및 비공식 방식을 막론하고 활용된 사례가 전무하다. 이런 점을 근거로 도시 브랜드로서 '아일랜드 제주'는 폐기처분되고 'Only Jeju'가 새로운 도시 브랜드로 선정된 것으로 보인다. 소비자신뢰 대표브랜드로 선정된 '아일랜드 제주'가 'Only Jeju'로 대체된 과정은 첫째, '아일랜드 제주'의 폐기처분된 배경이 불투명하고 둘째, 예산집행의 비효율성이 지적되고 셋째, 'Only Jeju'의 도시브랜드로서의 적절성에 대한 지적이 제기될 수 있다.

제주의 새로운 도시브랜드로 발표된 'Only Jeju'는 폐기처분된 것으로 판단되는 '아일랜드 제주'와 동일한 맥락에서 기억연상이 용이하고 장소정체성이 명확하다. 그러나 '섬'으로서의 보편타당한 정체성을 강조한 '아일랜드 제주'와는 달리 'Only Jeju'의 외연적 의미는 '제주'라는 유일무이한 공간을 강조하고 있다. 즉 다양성과 포용성이 전제된 국제자유도시로의 발전을 추진 중인 제주의 도시 브랜드로서 'Only Jeju'는 '제주'와 '제주 이외의 공간'을 구분 짓고 있다. 또한 영어단어 'Only'의 의미와 상호교환이 가능한 단어인 '배타적'(exclusively), '유일한'(sole) 또는 '외로운'(lonely) 등의 의미는 도시브랜드의 내포로도 적절하지 않다. 마지막으로 의미해석이 모호한 '오로지 제주'라는 'Only Jeju'보다는 세계적인 '섬' 관광지를 지향하는 점에서 정체성이 명확한 '아일랜드 제주'의 가치를 높게 평가할 수 있다.

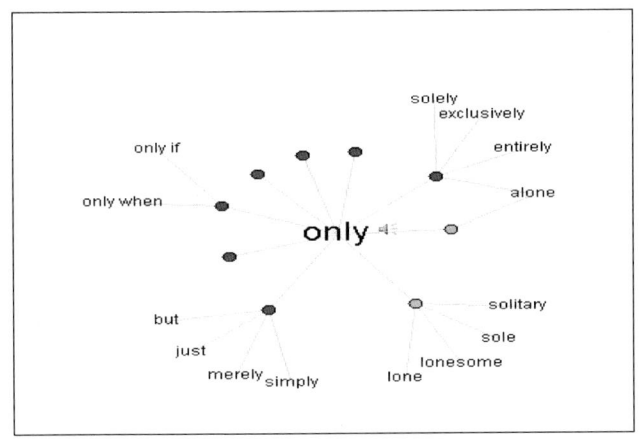

〈그림 10〉 'Only'의 의미와 유사한 단어의 시각화

국제자유도시와 세계적 수준의 섬 관광지를 지향하는 제주의 도시브랜드로는 독선적 이미지가 연상되는 'Only Jeju'보다는 '섬'으로서의 정체성이 명확한 '아일랜드 제주'가 적절한 것으로 판단된

다. 도시브랜드로서 '아일랜드 제주'의 장점은 공유된 '섬'의 보편적 가치인 반면, 보편적 '섬'의 의미로는 여타 다른 '섬'과의 차별적인 이미지가 형성되지 않는다. 이런 점을 염두에 두면 여타 다른 섬과는 달리 국제자유도시를 지향하는 제주의 도시브랜드는 보편성과 특수성이 공존해야 한다. 우주(Universe)에서 파생되어 전 세계적인 보편성을 의미하는 'Universal'은 국제자유도시의 기본취지와 부합되므로 'Universal'과 'Island'의 결합이 가능해진다.

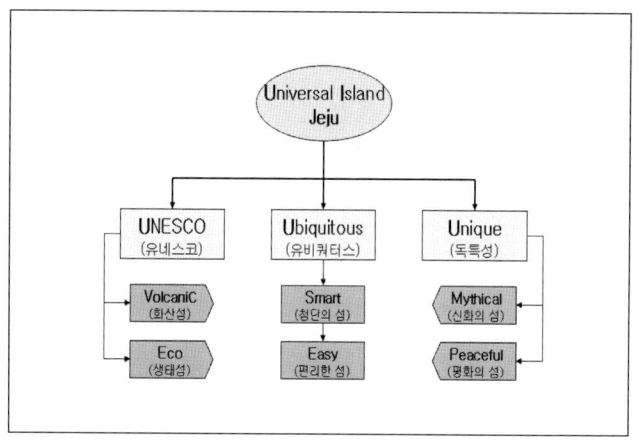

〈**그림 11**〉 위계적 도시 슬로건 개발과정

'전 세계인의 섬, 제주'라는 의미의 'Universal Island Jeju'는 보편성을 극대화한 최상위 수준의 도시브랜드이다. 따라서 '제주'의 고유한 특수성이 반영된 하위 도시브랜드가 연계되어야 하는데 'Universal'의 첫 글자 'U'로 시작하는 하위 도시브랜드는 기억연상의 관점에서 효율적이다. 제주는 유네스코 지정 세계자연유산의 섬이라는 점에서 'UNESCO', 최첨단 정보통신기술이 구현될 섬이라는 점에서 'Ubiquitous', 그리고 세계적으로 독특한 문화가 형성된 섬이라는 점에서 'Unique'를 선정하였다. 각 하위 도시브랜드의 실질적인 구성요인으로는 'UNESCO'의 '화산섬'(Volcanic)과 '생태섬'(Eco), 'Ubiquitous'의 '최첨단의 섬'(Smart)과 '편리한 섬'(Easy), 그리고 'Unique'의 '신화의 섬'(Mythical)과 '평화의 섬'(Peaceful)을 선정하였다.

보편타당성을 극대화하고 동시에 차별적 이미지를 구현하고자 선택한 단어인 'Universal'로부터 세계적인 영화사 또는 주제공원인 'Universal Studio'가 연상될 수 있다. 이런 점에서 'Universal Island Jeju'를 해외판 'Universal Studio'로 오인할 개연성도 고려되어야 한다. 인지도가 미약한 제주로서는 오인 가능성의 순기능도 기대할 수 있지만 '오로지 제주'만의 고유한 정체성을 강조한다면 영문단어 'universal'은 사용되기 어려울 것이다. 그렇다면 우주(universe)에서 파생된 'universal'과 마찬가지로 우주의 또 다른 표현인 'cosmos'를 결합한 'CosmoIsland Jeju'라는 신조어 파생도 고려해 볼 수 있다.

4. 도시슬로건의 다용도 활용방안
- 관광홈페이지 주소와의 연계

세계 2차 대전의 종지부를 찍은 역사적 사건은 세계 최초의 원자폭탄을 일본 본토에 투하한 직후 마지막 항전을 준비 중인 일본의 무조건적인 항복이었다. 과학계에서도 이론으로만 가능할 것으로 간주되었던 원자폭탄의 개발은 미국사회를 지탱하는 양대 축인 자본주의와 민주주의의 상징적 승리로 간주되었다. 그러나 2차 세계대전 종전 직후인 1949년 소련이 원자폭탄 개발에 성공하고 무엇보다도 세계 최초의 무인 인공위성인 스푸트니크(Sputnik)가 1957년도에 성공적으로 발사된 사건을 계기로 미국사회의 자부심은 무너지게 되었다.

미국 본토로부터의 이격거리로 인해 소련이 핵폭탄 보유국임에도 불구하고 미국의 안위를 위협할 존재로 인식하지 않았던 미국사회는 심리적 공황에 빠지게 되었다. 무인 인공위성 개발이 가능한 과학기술로 인해 소련의 핵탄두가 장착된 장거리 미사일의 사정권에 미국 본토가 포함된 것을 인식한 미국사회의 불안을 완화할 정치적 목적으로 유인 달 탐사 계획인 아폴로 계획이 진행되었다. 이러한 정치적 성격이 다분한 유인탐사 계획과는 별도로 소련의 과학기술 수준과는 상당한 격차가 존재할 것으로 오판한 미국 정부로서는 스푸트니크 충격을 타파할 실질적인 대책을 모색하고자 새로운 차원의 과학기술연구기관을 창립하게 되었다.

미국 고등연구계획국(ARPA: Advanced Research Projects Agency)은 단기적으로는 소련으로부터의 핵전쟁 위협에 대비할 과학기술의 개발과 장기적 관점으로는 초강대국으로서의 미국의 위상을 확보할 수 있는 방안을 모색하고자 설립된 연구기관이다. 신설된 고등연구계획국은 당면과제인 미국본토에서 핵전쟁이 발발한 상황에서의 지휘통제기능의 효율적 운영방식으로 분산개념을 제기하였다. 즉 귀중한 정보를 미국 본토 각지에 분산 배치하게 되면 소련의 핵공격 피해를 최소할 수 있지만 지리적으로 분산된 정보가 통합되지 않는 한 정보로서의 효율성이 저감될 수밖에 없다. 따라서 각 지역에 분산 배치된 정보를 실시간으로 통합할 수 있는 개념으로 컴퓨터 네트워크를 활용한 인터넷(internet)이 1969년에 개발되었다.[4]

군사기술의 일환으로 개발된 인터넷의 이용집단은 주로 컴퓨터 간의 네트워크가 연결된 대학이나 연구소에 근무하는 전문가로 한정되었다. 인터넷의 초기 서비스로 음성정보전달에 국한되고 비용의 문제, 그리고 동시성(synchronization)의 한계 등이 열거되는 전화를 매개한 의사소통방식의 단점을 보완하고자 전자우편(e - mail)이 개발되었다. 추후 특정관심 분야의 정보동향의 통보기능에 주목

---

4) 인터넷의 등장배경과 발전과정에 대해서는 이재현(2000)의 『인터넷과 사이버사회』 참조.

한 메일링 리스트(mailing list)라든지 관심 분야를 논의하는 토론방 (discussion group)처럼 인터넷상의 새로운 서비스의 이용계층은 사실상 전문가집단으로 한정되어 있었다. 이처럼 컴퓨터에 대한 전문 지식을 구비한 전문가 집단에 의한 사실상의 독점으로 1990년대 이전까지 인터넷 이용의 대중화에 대한 전망은 회의적이었다.

인터넷 이용의 대중화 계기는 월드와이드웹(World Wide Web: WWW)이 유럽입자물리연구소의 연구원인 팀 버너스 리(Tim Berners‒ Lee)에 의해 1989년도에 개발된 이후부터이다. 하이퍼텍스트(HTML: Hyper Text Markup Language)라는 새로운 구조로 구현되는 월드 와이드웹의 특성을 인터넷의 기존 서비스와 구별하고자 새로운 국 제규약(protocol)인 HTTP가 개발되었다. 정보전송을 특성화한 인터 넷의 기존 서비스인 FTP 국제규약을 참고한 월드와이드웹의 국제 규약으로서의 독창성은 URL(Uniform Resource Locator)로 명명된 주소체계(http://www.2단계.3단계)에서 확인해 볼 수 있다.

월드와이드웹의 주소체계는 정체성(identity)과 식별성(identifier)의 관 점에서 구성된 것이다. 즉 마이크로소프트사(http://www.microsoft.com) 의 주소체계를 분석해 보면 1단계는 월드와이드웹을 의미하는 'www', 2단계는 고유한 회사명을 의미하는 'microsoft', 그리고 영 리기업임을 의미하는 'com'이 3단계 주소로 구성되어 있다. 식별 성의 관점에서 닷컴(.com)이 포함된 주소체계에서 영리기업임을 유 추할 수 있고, 닷넷(.net)은 네트워크 관련 기업인 것처럼 민간기업 분류용뿐만 아니라 공공기관에게 부여되는 (.org) 또는 국가코드(한국 인 경우 .kr)처럼 주소체계의 3단계는 식별용이성이 전제된 것이다.

월드와이드웹 주소특성인 정체성과 식별성을 반영하고자 개발자인 팀 버너스 리가 선택한 주소체계의 원명(原名)은 Universal Document Identifier, 즉 UDI이다. 3단계의 주소체계를 적용하면 모든 홈페이지의 식별이 가능하다는 점에서 우주적이라는 의미인 'Universal'을 고려하였지만 일각에서 제기한 개념상의 문제를 감안하여 주소체계의 표준화를 강조한 결과 'Uniform'이 채택되었다. 문서뿐만 아니라 음성 및 시각정보의 구현도 가능하다는 점에서 'Document'는 자원을 의미하는 'Resource'로 대체되었고, 하이퍼텍스트의 비순차적 공간이동의 특성을 강조한 결과 'Identifier'에서 'Locator'로 변경되었다.5) 이처럼 기술적인 관점에서 주소체계의 명칭이 UDI에서 URL로 확정되었지만 정체성과 식별성의 특성은 여전히 내재되어 있다.

정체성과 식별성이 전제된 월드와이드웹 주소체계의 특성으로 인해 기지에 근거한 탐색(knowing – item searching)이 가능해졌다. 즉 'microsoft'라는 회사의 홈페이지에 접속하고자 검색엔진(search engine), 예를 들어 야후닷컴(http://www.yahoo.com)에 접속한 후 검색키워드로 'microsoft'를 입력한 후 출력결과물에서 마이크로소프트사 홈페이지(http://www.microsoft.com)를 클릭하는 방식은 최소한 2번의 단계를 거쳐야 한다. 이러한 우연검색(causal – browsing) 방식과는 달리 대표적인 브라우저인 인터넷 익스플로러(internet explorer)의 주소창에서 직접 입력(http://www.microsoft.com)하는 방식은 훨씬 간결하다.6) 이러한 기지검색의 특성으로 인해 오프라인

---

5) Berners – Lee(2000). 『Weaving the Web』 웹(web)의 가장 근본적인 혁신으로 간주된 UDI가 URL로 변경된 상세한 전후배경은 제5장 「Going Global」 참조.
6) 로젠펠드・모빌(2001). 『웹사이트 구축을 위한 인포메이션 아키텍처』 p.38.

의 고유한 명칭, 예를 들어 'microsoft'는 월드와이드웹의 2단계 주소(http://www.microsoft.com)와의 동일화가 요구되는 것이다.

기지검색 방식으로 특정 홈페이지로의 직접 접속이 가능해지면서 보편적이고 기억연상이 용이한 주소체계, 즉 도메인명(domain name)의 가치가 형성되면서 매매 가능한 상품으로 거래되고 있다. 2008년도 '펀드'(fund)와 '닷컴'(.com)이 결합된 도메인명(http://www.fund.com)의 거래가격은 999만 달러로서 2009년 1월 현재 한화(韓貨)로 약 130억 원이며, '섹스'(sex)와 '닷컴'(.com)이 결합된 도메인명(http://www.sex.com)의 가치는 1,200만 달러로 알려져 있다. 이처럼 도메인명의 경제적 가치가 부각되자 보편타당성과 기억연상이 용이한 영문단어로 구성된 도메인명은 투자의 목적으로 선점되어 있다. 또한 보편성과 기억연상의 측면에서 인지도가 낮은 지역명칭일지라 하더라도 지역대표성의 관점에서 대다수의 지역명칭을 이용한 도메인명도 선점된 관계로 지역관광청의 공식 홈페이지 주소로 활용되지 못하고 있다.

지역명칭은 홍보마케팅을 전담하는 관광청의 홈페이지 주소명칭으로서 한편으로는 기억연상의 관점에서 효율적이지만 지역대표성의 관점에서 문제제기가 가능하다. 예를 들어 지역명칭인 '제주'(jeju)와 '닷컴'(.com)이 결합된 도메인명(http://www.jeju.com)은 기억연상의 관점에서 효율적이지만, 포괄적 의미가 내재된 지역명칭의 특성상 활용범위가 관광목적으로 국한된다면 지역대표성의 취지를 반영하지 못하는 것이다. 따라서 지역의 공식 관광홈페이지의 도메인명은 지역의 차별화된 관광이미지가 연상되는 방향으로 구성되어야 한다.

지역의 차별화된 관광이미지 연상이 가능한 관광홈페이지의 도메인명으로 공식적인 관광슬로건을 사용하는 것이다. 예를 들어 뉴욕의 공식 관광홈페이지 주소명칭(http://www.iloveny.com)의 2단계인 'I Love NY'은 뉴욕의 도시슬로건과 동일하다. 이처럼 세계적인 인지도가 형성된 뉴욕의 도시슬로건이 관광홈페이지의 도메인명으로 이용되면서 오프라인과 온라인을 막론하고 동일한 지역정체성이 형성될 수 있었다. 지근한 사례로 인도의 관광홈페이지 주소명칭(http://www.incredibleindia.org)도 공식슬로건인 'Incredible India'를 적용한 것이지만+ 식별용이성의 관점에서 닷컴(.com)과 닷넷(.net)이 선점된 관계로 3단계 주소체계로 (.org)가 결합되었다. 따라서 기지검색의 효율성이 다소 저감되지만 도시슬로건과 일치된 관광홈페이지의 주소명칭은 정체성과 기억연상의 측면에서 높게 평가된다.

〈표 3〉 주요 국가 관광슬로건과 홈페이지 주소

국가	공식 슬로건	슬로건 연계 홈페이지 주소	비고
태국	Amazing Thailand	www.amazing-thailand.com	
인도	Incredible India	www.incredibleindia.org	공식
홍콩	Discover the Hong Kong	www.discoverhongkong.com	공식
말레이시아	Truly Malaysia	www.truly-malaysia.com	
뉴욕	I Love NY	www.iloveny.com	공식

외환유동성 위기극복의 전략으로 관광산업의 재도약을 선언한 태국관광청은 새로운 관광슬로건인 '경이로운 태국'(Amazing Thailand)의 기치 아래 공격적인 관광마케팅을 추진하였다. 당시로서는 관광슬로건으로서의 'Amazing Thailand'의 가치를 예측하지 못한 관계로 기지검색이 가능한 주소명칭(http://www.amazingthailand.com)이 외부투자자에 의해 선점되었고, 동일한 맥락에서 말레이시아의 새

로운 관광슬로건인 '진짜 아시아'(Truly Asia)를 활용한 홈페이지 주소명칭도 사전 선점된 바 있다. 이러한 전철을 감안하면 대외적으로 새로운 관광슬로건을 공개하기 이전 시점에 새로운 관광홈페이지 도메인명이 등록되어야 한다.

2008년 12월 하순 언론에 공개된 제주도의 새로운 도시슬로건은 '오로지 제주'를 의미하는 'Only Jeju'이다. 공개시점으로부터 3주가 경과한 2009년 1월 중순까지 새로운 도시슬로건을 활용한 홈페이지 주소명칭, 예를 들어 보편성이 가장 높은 닷컴(.com) 유형의 홈페이지 (http://www.onlyjeju.com)이라든지 닷넷(.net) 유형의 홈페이지 (http://www.onlyjeju.net) 주소명칭은 현시점에서도 등록이 가능하다. 기존 운영 중인 제주도 관광홈페이지의 주소명칭으로부터 제주도의 차별적인 관광이미지 연상이 가능하다면 굳이 주소명칭 변경이 불가피하지만 현행 주소명칭은 보편성과 기억연상의 측면에서도 적절하지 않다. 간략히 분석해 보면 제주도청의 영문 관광홈페이지 주소명칭(http://english.tour2jeju.net)의 1단계로는 월드와이드웹을 의미하는 'www'가 아니라 영문을 의미하는 'english'가 사용됨으로써 강조되어야 할 지역관광의 이미지보다는 행정편의적인 측면이 부각된 것이다.

세계적인 관광목적지와 비교해 보면 관광목적지로서 제주도의 인지도 및 이미지는 여전히 발아단계에 머물고 있다. 가용한 자원이 한정적인 상황이므로 선택과 집중의 원칙에 준거해 불필요한 부문은 과감히 포기하고 성장 가능한 부문에 집중 투자하는 통합적 마케팅이 요구되고 있다. 이러한 맥락에서 새로운 도시슬로건을 중심으로 관광마케팅 전략을 재구성하는 일환으로서 관광홈페이지 주소명칭과의 연계가 필요할 것이다.

5. 외국관광객에게 영어로 말걸기

- 기표(signifier)에 집착하는 의사소통

관광의 유형은 크게 여행사에 모든 일정을 위임하는 완전패키지 (all inclusive package tour) 유형과 자유독립(Free Independent Tour: FIT) 유형으로 양분할 수 있고, 패키지와 자유 독립유형을 절충한 다양한 변형 - 예를 들자면 항공편과 호텔만 여행사에서 사전 수속한 호텔팩(Hotel Pack) - 이 존재한다.

여행사에서 관광일정 전반을 관리하는 완전패키지 유형인 경우 관광객과 지역주민 간 언어장벽이 심각한 관광목적지에서도 편안한 관광이 가능하지만, 사전 계획된 일정의 준수로 이른바 '진짜' 문화를 체감하기 어렵다는 단점이 있다. 반면 자유독립형 유형인 경우 모든 일정을 관광객 개인이 통제하면서 통상적인 관광코스가 아닌(off the beaten track) 현지문화를 직접 체험할 수 있는 장점도 있지만, 현지 언어를 이해하지 못하면 오히려 의도한 '진짜' 문화를 체험하지 못할 위험성도 존재한다.

제주를 사례로 패키지 유형과 자유독립 유형을 비교해 보면 제주를 방문한 외국관광객 대다수는 패키지유형 상품을 구매한 것으로 보인다. 2006년 제주를 방문한 일본과 중국관광객은 전체 관광객의 70%를 점유하고 있는데, 일본 및 중국관광객의 관광패턴은 대부분 여행사에 일정을 위임한 패키지유형이다. 그리고 전체 외국관광객의 1.8%인 홍콩과 12%인 대만관광객도 대부분 패키지유형을 선호한다고 보면, 미국과 영국, 그리고 독일관광객은 개별적으로 제주를 방문할 확률이 높은 집단이다. 그러나 미국은 전체의 4.1%, 독일은 0.2%, 그리고 영국관광객은 0.1%로 전체 외국관광객 시장의 4.4%에 불과한 실정이다.

모국어로 영어를 구사하는 관광객 비율이 4.4%인 현 상황은 여러 가지로 설명될 수 있다. 첫째, 직항노선이 없다는 점이다. 둘째, 제주의 관광매력이 서구관광객의 방문동기를 자극하지 못하는 점이다. 셋째, 충분한 관광매력요인에도 불구하고 관광홍보마케팅의 문제점이다. 넷째, 관광비용에 대한 문제이다. 언급된 점 외에도 다양한 요인들이 존재하겠지만 이른바 한 번의 '획기적 임팩트'로 모든 문제를 해결할 수 있는 '만병통치약'(panacea)은 존재하지 않는다. 그렇다면 기존 제주를 방문한 서구 지역 외국관광객의 만족도를 높일 수 있는 다양한 방안이 모색되어야 한다.

영어로의 원활한 의사소통이 어려운 제주의 현실에서 개별적으로 제주를 방문한 서구 외국관광객은 여러모로 어려움을 겪을 수밖에 없다. 관광객만 북적이는 통상적인 관광코스 대신 현지문화 체험 동기로 개별관광유형을 선택하였다면 패키지투어의 편안함을 애초 기대하지 않았을 것이다. 그러나 현지인과의 의사소통에 애로점이 있을 뿐만 아니라 관광안내정보시스템마저 부실하다면 제아

무리 노력을 해도 진정한 현지문화를 체험하기 어려울 것이다. 이런 점에서 한편으로는 영어의 공용화 또는 상용화가 논의되고 있고, 또 한편으로는 간판에 외국어를 표기하는 등의 안내표지판 정비도 시행되고 있다.

제주에서의 영어의 공용화 또는 상용화는 심층적인 논의가 필요하고 정착에는 수십 년의 시간이 소요될 것이다. 그렇다면 단기적으로 영어권 관광객과의 의사소통을 보조할 수 있는 최적의 수단은 안내표지판에 영어를 표기하는 것임에는 이견이 있을 수 없다. 그러나 제주시내 곳곳의 도로안내표지판 뒤편을 활용한 관광안내표지에 표기된 영어문구는 의사소통의 본질과는 괴리가 심각해 보인다는 점이다.

제주시 신제주로타리 인근에 설치된 도로표지판을 사례로 보면 뒤편에 '영구춘화'의 대형사진이 부착되어 있다. 만약 한글과 한문으로 '영구춘화'(瀛丘春花)라고 표기되지 않았더라면 제주도민인 필자로서도 그저 아름다운 제주의 이미지로만 생각했을 것이다. 그러나 김춘수 시인의 '내가 그의 이름을 불러 주었을 때 그는 나에게로 와서 꽃이 되었다'라는 표현처럼 '영구춘화'라는 한글표기가 '영주십경'(瀛州十境)이라는 의미연상을 가능케 하는 것이다.

의사소통이란 근본적으로 '의미'를 교환하는 것이다. 기호의 기초개념을 설명하는 유명한 사례를 살펴보면 한국어로 '물'이라고 표기하지만 영어에서는 'water'라고 표기하는 등 언어의 특성에 따라 천차만별의 표기가 존재한다. 이러한 외현적인 표기의 차이점에 불구하고 본질적으로 '물'은 '무색무취의 마실 수 있는 자원'이라는 의미는 동일하다. 이처럼 언어별로 다른 표기를 기표(signifiant)

라고 하고, 기표가 의미하고자 하는 바를 기의(signifie)라고 하는데, 의사소통의 본질은 기표(시니피앙)가 다른 언어를 동일한 기의(시니피에)로 해석해 주는 과정인 것이다.[7]

‘영구춘화’로 되돌아가면, 한글로 표기된 ‘영구춘화’와 한문인 ‘瀛丘春花’, 그리고 영어로 표기된 ‘Yonggu Chunwha’는 모두 다른 기표이지만, 한라산의 봄꽃풍경이라는 의미를 설명해 주기 사용된 것이다. 한글과 한자 표기에서는 어렵지 않게 ‘제주의 꽃 풍경’이라는 의미연상이 가능하지만, 영어로 표기된 ‘Yonggu Chunwha’를 접한 서구 외국관광객 관점에서 의미해석은 사실상 불가능할 것이다.

의사소통이란 ‘Yonggu Chunwha’라는 기표를 전달하는 것이 아니라 ‘한라산의 봄꽃풍경’이라는 기의를 이해시키는 것이다. 이런 관점에서 ‘영구춘화’의 영문표기를 ‘The 9th of the Jeju’s 10 Landscapes’(제주 10경 중 9번째)로 표기한다면 대략적인 의미전달은 가능해질 것이다. 즉 제주에는 10개의 대표적인 풍경이 있는데 현재 보이는 이미지는 9번째라는 해석이 가능하며, 나머지 9개의 제주십경에 대한 호기심도 유발시킬 수 있을 것이다.

---

7) 샌더스(1996), 『소쉬르의 일반언어학 강의』 언어기호를 기표(시니피앙), 즉 ‘의미하는 것’과 기의(시니피에), 즉 ‘의미된 것’이라는 이분법으로 설명한 학자는 소쉬르이다. 소쉬르에 의하면 언어기호가 결합시키는 것은 한 사물과 한 명칭이 아니라 하나의 ‘개념’(시니피에)과 하나의 ‘청각영상’(시니피앙)이다. 청각영상(시니피앙)이란 순전히 물리적 사물인 실체적 소리가 아니라 그 소리의 정신적 흔적, 즉 감각이 우리에게 증언해 주는 소리의 재현이다. 따라서 청각영상(시니피앙)은 감각적이고 추상적인 반면 실체적이고 구체적인 것은 개념(시니피에)인 것이다.

Part Ⅱ. 의사소통과 인터넷

1. 제주국제자유도시의 의사소통
- 영문홈페이지 관리실태

산업혁명 이후 등장한 철도와 자동차, 그리고 비행기처럼 기계적 동력원이 발명되기 이전 사회에서 상호교류의 범위는 지리적으로 제한되었다. 사람의 근력(筋力)에 의존하는 도보 또는 마력(馬力)으로 이동 가능한 공간적 범위가 장기간에 걸쳐 고착화됨으로써 공유하게 된 문화적 유사성은 상호교류의 지리적 인접성을 강화시키는 요인이다. 2007년 한국을 방문한 전체 외국관광객의 70%가 일본(38%)과 중국(31%) 관광객이라는 점은 기술혁신으로 시공간이 압축(time - space compression)[8]된 현대사회에서도 상호교류의 양상은 역사적으로 반복되고 있다. 즉 초고속 이동수단 및 정보통신기술의 발전에도 불구하고 경제적 비용부담과 심리적 위험회피의 기제로 인해 여전히 상호교류의 빈도와 강도는 지리적

---

8) 하비(2002). 『포스트모더니티의 조건』 p.186. '시·공간 압축'이란 개인적 의사결정 및 공공 의사결정에 드는 시간 지평이 축소되는 한편, 위성통신과 운송비용의 하락으로 말미암아 그러한 의사결정이 훨씬 멀리 있는 여러 지역으로 즉시 전파될 수 있게 되었음을 의미한다.

이격거리와 반비례하다는 점이다.

싱호교류의 대상이 지리적으로 인접한 중국과 일본으로 국한된 조선시대 이전 우리나라의 교류대상 범위는 아시아 전역을 망라하고 있었다. 국보 91호인 신라 도제기마인물상은 북방 기마사회와의 교류를 반증하는 예술작품이고, 천마총에서 출토된 유리세공품으로 실크로드를 통한 교류 가능성을 확인할 수 있고 김수로왕의 부인 허황후의 고향은 오늘날 인도라는 것이 학계의 정설이고 마지막으로 우리나라가 Corea로 알려진 계기가 고려시대 아랍상인과의 교류라는 점이다. 교류대상이 중국이라는 단일국가에 집중되면서 다양성을 상실한 조선과 중화의 자아도취에 빠진 중국이 서구열강의 침략에 손수무책인 반면, 포르투갈과 네덜란드 상인으로부터 부분적이나마 서구문화의 직접 유입을 허용한 일본은 자주적 근대화에 성공한 대표적인 국가로 성장하였다.

제주의 대외 교류역사를 검토해 보면 지리적으로 인접한 중국과 일본과의 상호교류도 비교적 최근의 현상이다. 12세기 삼별초 항쟁의 여파로 제주에 주둔한 몽고군 및 일본제국의 식민지배처럼 일방적 군사침략을 제외하고 평화적인 상호교류가 본격화된 계기는 1978년 중문관광단지 착공 이후 각각 1979년과 1981년에 개관한 호텔신라와 그랜드호텔의 건립에서 찾아볼 수 있다. 제주로의 일본관광객 방문의 시대적 역사는 불과 30여 년에 불과하고 1992년 한중수교 이후 존재가 실체화된 점으로 미루어보면 제주와 중국과의 본격적인 인적 교류는 불과 10여 년 이전으로 소급될 뿐이다.9) 이처럼 지리적으로 인접한 일본과 중국과의 교류역사는 최근

---

9) 1969년도에 발간된 제주도통계연보는 처음으로 외국관광객을 국적별로 세분화하였는데 '교

30년에 불과하지만 2006년 제주방문 전체 외국관광객의 82%가 일본(38%)과 중화권 시장(44%)에 집중됨으로써 다양성의 본질을 구현하지 못하고 있다.

　지리적으로 인접한 일본과 중국과의 대외 교류도 사실상 단절되다시피 한 제주의 과거 역사를 되돌아보면 1653년 제주에 표류한 네덜란드인 하멜(Hamel)을 제외하면 서구사회와의 조우경험은 찾아보기 어렵다. 1897년 대한제국 출범 이후 우리나라를 방문한 서구인이 귀국 후 발간한 저서는 오리엔탈리즘에 심취한 당대 사회에 상당한 영향을 끼쳤다는 점에서 일부 저서에서 기록된 제주의 이미지를 검토해 볼 필요가 있다. 러시아 학자 바츨라프 세로셰프스키(Vatslav Seroshevskii)가 1905년 출간한 저서에 의하면 가장 안 좋은 평판은 지금껏 죄인의 유배지로 남아 있는 제주도 사람들의 몫으로 폭력적이고 방탕하다고 묘사하였다.[10] 1912년 출간된 스웨덴 기자 아손 그렙스트(A:son Grebst)의 표현에 의하면 켈파트 섬은 남자들의 천국이라 할 만한 곳으로 여자들이 일을 해 가족을 먹여 살리는 대신 남자들은 편안한 생활을 즐겼다. 그러나 어느 날 섬이 일본인들의 수중에 들어갔고, 일본인들은 여자들을 바다 채취장에서 몰아내고 대신 남자들에게 일을 맡긴 후 이곳의 남자

포 〉 미국 〉 영국 〉 서독 〉 중국 〉 일본 〉 기타'의 순서로 나열되었다. 일본은 1972년도부터 제주방문 외국관광객의 제1시장으로 부상하였음에도 불구하고 1980년도 발간된 통계연보부터서야 '교포 〉 미국 〉 일본'의 순서로 변경되었다. 이런 점에서 1972년도를 기점으로 한다면 일본관광객의 실질적인 존재인식은 30여 년으로 추산할 수 있다. 1970년도에 50명의 중국관광객이 방문한 이후 사실상 방문통계가 무의미해지면서 1980년도에 발간된 통계연보에서 중국이 누락된 이후 재등장한 시기는 2001년도부터이다. 비록 2001년도 통계연보에서부터 국적별 항목에 재등장하였지만 제주방문 제2시장으로 부상한 1996년도를 기준으로 하면 중국관광객의 실질적인 존재인식은 10여 년에 불과하다.

10) 세로셰프스키(2006). 『코레야 1903년 가을』 p.286.

들은 살맛을 잃었다고 한다.[11]

　제주를 묘사한 서구사회의 저작은 양적 측면에서 계량의 의미가 무색하다고 해도 과언이 아니며, 질적 측면에서도 왜곡된 이미지로 점철되어 있다. 이처럼 서구사회의 일방적인 시선으로 조망된 제주의 이미지를 바로잡는 방법으로는 크게 1) 여행사 관계자 또는 언론매체 종사자를 제주에 직접 초빙하는 팸투어(Fam Tour) 또는 2) 언론매체에 광고를 게재하는 간접적 방식이 선호되어 왔다. 제주로 초대된 관계자의 향후 의도를 명확히 계량하기 어려운 직접초빙의 방식은 효율성의 문제로 주로 최대시장인 일본과 중국시장에 집중된 반면 유럽 및 북미시장 관계자 초빙은 성사되기 어렵다. 시청률 또는 구독률처럼 계량지표 측정이 가능한 광고의 장점에도 불구하고 경제적 비용이 고려되어야 하고 무엇보다도 보여주고자 하는 이미지만 선별하여 제작한 광고의 특성상 광고게재는 또 다른 일방적 시선이라는 점도 고려되어야 한다.

　인터넷 홈페이지는 최소한의 예산으로 양방향 의사소통 구현이 가능한 새로운 매체로 활용되고 있다. 초기 제작비용 이후부터 소요되는 운영관리비는 미미한 수준으로 통제할 수 있고, 비동기성(asynchronization)의 특성을 구현한 게시판(bulletin board)에서 양방향 의사소통이 가능하다.[12] 즉 두 명의 화자(話者)가 동시에 개입

---

11) 그렙스트(2007). 『스웨덴기자 아손, 100년전 한국을 가다』 pp.182 - 183.

12) 스미스와 콜록(2001). 『사이버공간과 공동체』 인터넷의 발전단계는 전달 가능한 정보유형의 변천과정으로 설명할 수 있다. 기술혁신으로 문자에 국한되었던 정보유형은 음성 및 영상처럼 거의 모든 형태의 정보전달이 가능한 단계로 발전하였지만 인터넷의 보편적인 의사소통수단은 문자이다. 인터넷 초기에는 1:1 방식으로 문자를 전송하는 전자우편(e - mail)이 발명된 후 단일의 정보송신자와 다수의 정보수신자 유형(一 대 多)의 메일링리스트(mailing list), 그리고 정보송신자와 수신자가 다수(多 대 多) 방식인 게시판(bulletin board)이 등장하면서 대면접촉이 없는 사이버공간에서 공동체가 번영하게 되었다.

되어야만 대화가 성립되는 전화통화의 특성상 근무시간과 국가별 시차, 언어 구사도, 그리고 국제 통화료의 부담으로 전화를 매개한 양방향 의사소통의 한계는 홈페이지 게시판에서 극복 가능하다. 게시판 이용자는 시간에 구애받지 않을 뿐만 아니라 비용의 부담마저 없는 관계로 장문의 질의도 작성할 수 있고, 언어소통의 부담이 경감된 게시판 관리자 입장에서도 텍스트로 작성된 답변뿐만 아니라 부가적인 자료도 첨부해 줄 수 있다. 이러한 장점으로 인해 관광목적지의 정보를 탐색하는 잠재 관광객뿐만 아니라 관광목적지 마케팅 조직에서도 홈페이지 활용가치에 주목하고 있다.

제주도청에서 운영하는 영문홈페이지(http://english.tour2jeju.net)의 게시판은 질의응답(Q & A)이라는 명칭을 채택하고 있다. 가장 최근에 답변이 게재된 시점인 2008년 2월 13일과 질의가 게재된 시점과의 소요시간을 비교해 보면 최단 기간은 75일이고 최장 기간은 160일이다. 예를 들어 게시물 번호 16번의 질의는 2007년 11월 27일에 작성되었지만 75일 이후인 2008년 2월 13일에서야 답변이 게재되었고, 2007년 9월 4일 작성된 질의에 대한 답변도 160일 이후인 2008년 2월 13일에 게재된 것이다. 최장시간이 소요된 질의는 2007년 5월 29일 작성되어 230일 이후인 2008년 1월 21일에 답변이 게재된 게시물 번호 8번인 것으로 나타났다. 이러한 추세를 감안해 보면 2008년 8월 11일 작성된 스위스 전지훈련팀의 감사인사에 대한 답변은 2009년 1월 이후에서야 가능할 것으로 전망된다.

세계평화의 섬 영문 홈페이지(http://www.peace.jeju.kr)의 게시판도 질의응답(Q & A)이라는 명칭을 채택하고 있다. 게시물 번호가

17건에 불과한 제주도청 영문홈페이지와는 달리 세계평화의 섬에서 운영하는 게시판에는 9만 건을 상회하는 게시물이 등록되어 있지만 의미 없는 내용으로 점철되어 있다. 예를 들어 게시물 번호 90535번의 제목인 Ayca는 질의에 적절한 제목의 형태가 아니며 해당 내용도 의미 연상이 불가능한 이른바 스팸 게시물이지만 방치되고 있는 실정이다.

제주도청의 사례처럼 답변에 소요되는 기간이 '월' 단위이거나 세계평화의 섬 사례처럼 스팸성 게시물이 방치되고 있는 홈페이지를 방문한 잠재 관광객 관점에서 제주는 매력적인 관광목적지로 인식되지 않는다. 양방향 의사소통의 매체로 활용되어야 할 홈페이지 게시판의 관리부실로 인해 훼손된 제주의 이미지 회복은 당분간 게시판을 폐쇄하고 비공개 게시판으로 전환하는 것이다. 비공개의 유형으로는 크게 1) 타인작성 게시물의 제목과 게시자의 성명에 한해 공개하는 준(準)비공개 방식과 2) 본인작성 게시물만 확인 가능한 완전(完全)비공개 형식 중에서 선택할 수 있다.

게시판과 더불어 홈페이지 운영실태를 파악할 수 있는 항목으로는 공지사항 또는 새 소식(News)의 갱신주기(update)이다. 제주도청 영문홈페이지(http://english.tour2jeju.net)의 새 소식의 갱신주기는 1～2달 내외로 뉴스라기보다는 오히려 월 단위의 매거진으로 분류하는 것이 타당하다. 2008년 8월 현재 126건의 뉴스가 게재된 제주도청 영문홈페이지와는 달리 2005년 4월 11일 첫 번째 뉴스가 등록된 세계평화의 섬 영문홈페이지(http://www.peace.jeju.kr) 새 소식의 가장 최근 뉴스는 2007년 7월 2일 작성된 것으로 현시점까지 총 4건의 뉴스가 등록되어 있다. 세계평화의 섬 영문홈페이지의 뉴스갱신주기인 1년이라는 점을 감안하면 1년 단위의 연감(年鑑)으로 분류하는 것이 타당하고, 영문홈페이지임에도 불구하고 영문 'Administrator' 대신 한글인 '관리자'로 표기되어 있다.

뉴스의 갱신주기는 1일 단위가 바람직하고 최장 7일을 넘기지 않는 범위에서 새로운 뉴스가 등록되어야 한다. 인력수급의 한계로 신속한 영어번역이 어렵다면 1일 영어뉴스를 송출하고 있는 지역 케이블 TV회사인 KCTV와의 공조를 모색한다면 콘텐츠의 공동 이용이 가능할 것이다. 그리고 제주거주 외국인이 발간하는 월 단위 매거진인 'Jeju Life'의 콘텐츠도 동일한 맥락에서 공조를 모색한다면 최소의 비용으로 높은 효율성을 기대할 수 있을 것이다.

2. 국제자유도시 제주의 국제대회 개최
- 2009년 제주델픽게임의 홍보상황

　18세기 중반 영국에서 시작된 산업혁명으로 가능해진 대량생산 체계의 필수조건은 저렴한 단가로 공급 가능한 원자재의 확보 가능성이다. 대량생산의 파생물로 저렴한 상품이 시장에 공급되면서 소량생산 수제품으로 시장을 통제한 장인조합(guild)의 독점폐해는 종식되었지만 협소한 국내 수요시장에서 대량생산된 공급을 충족시킬 수 없게 되자 시장붕괴의 현실에 직면하게 되었다. 이러한 문제점을 인식한 국가에서는 한편으로는 원자재 공급처이자 또 다른 한편으로는 대량소비의 배출구로서 해외시장의 필요성이 명확해지자 종종 전쟁까지 불사하는 극한의 대결구도조차 마다하지 않게 되었다.

　15세기부터 포르투갈 및 네덜란드 상인과의 교역네트워크가 형성된 일본으로의 진출이 난관에 봉착한 신흥 서구열강 국가에서는 당시 조선과의 통상수교를 체결하고자 한반도 수역에 진출하면서 18세기 이후 이양선(異樣船) 출몰빈도가 급증하였다. 통상을 빌미로 한 식민지배의 가능성을 우려한 상황이므로 서구와의 문호개방을 거부한 쇄국정책의 결과 대동강에 출현한 미국 상선 제너럴셔먼호(General Sherman)를 소실시켰고 강화도에서는 프랑스 함대와의 전투가 벌어지기도 하였다. 서구 열강과의 국력 차이가 명확해진 이후 당시 조선은 배제된 채 한반도의 통치권을 두고 서구 열강들 간 일촉즉발의 상황까지 발생하기도 하였다.

서구문화의 수용을 경계한 쇄국정책으로 자주적 근대화에 실패한 조선의 상황을 치욕적인 일본식민지배의 원인으로 지목하는 후대의 평가는 서구의 합리성을 맹신하는 계기를 제공하기도 하였다. 과학과 합리성의 관점에서 상당수 우리의 전통문화를 비과학적이거나 비효율적인 것으로 평가하여 전통문화의 강제적인 소멸 또는 반강제적인 망각상태를 용인할 수 있었던 까닭은 '잘살아 보세'라는 근대화에 대한 열망에 기인한 것이다. 1988년 서울올림픽을 정점으로 이른바 '한강의 기적'을 확신한 우리 사회를 향한 '샴페인을 일찍 터트렸다'라는 서구 일각의 지적을 근거 없는 질시로 인식하였지만 불과 10년 후인 1997년 IMF 구제금융을 신청하면서 서구사회에 대한 재평가가 이뤄지게 되었다.

IMF 구제금융의 여파로 세계경제시스템에 편입된 우리나라의 실정이 인식되면서 IMF 이전 전문학문의 영역에서 연구되었던 이매뉴얼 월러스틴(Immauel Wallerstein)의 세계체제(world systems) 이론[13]은 사실상 개별 국민수준에서도 충분히 개념화될 수 있었다. 이처럼 전 지구적이라는 단어사용빈도가 사회 전반에 일상화되면

---

13) 월러스틴(2005). 『월러스틴의 세계체제 분석』 이 도서는 월러스틴이 직접 집필한 세계체제 분석 개론서로서 방대하고 난해한 세계체제의 개념이해에 적절하다.

서 외국인이 참석하지 않는 각종 행사는 '국내용'이라는 낙인이 찍히는 등 최소한 외국사례를 분석하여 반영하거나 가급적 외국인이 직접 참가하는 '국제'행사의 보편적인 선호도가 형성되었다. 최근 국민 사고방식의 국제화에 편승하여 국제대회 유치를 치적으로 홍보하려는 일부 지방자치단체의 과열경쟁으로 내실 없는 전시성 국제대회로 전락될 가능성도 제기되고 있다.

사람과 상품, 자본의 이동이 자유로운 국제자유도시로의 발전을 지향하는 제주의 여건에서 국제대회의 성공적인 개최는 설정한 목표달성 가능성을 높여주는 촉매제이다. 참가규모와 행사성격의 스펙트럼이 광범위한 국제대회 중 가용한 자원으로 제주다움의 표출이 가능한 국제대회를 열거하기 어려운 현실에서 델픽게임(Delphic Game)은 제주의 여건에 적합한 이상적인 국제대회로 평가할 수 있다. 고대 그리스의 4대 제전 중 올림픽이 스포츠 제전이라면 문화예술 제전인 아폴론 경기를 모태로 한 델픽게임은 문화예술올림픽으로 비유된다는 점에서 독특한 제주문화의 면모를 홍보할 수 있는 장이 마련된 셈이다.[14]

세계최대의 스포츠 제전으로 발전한 올림픽과 비교해 보면 2000년 제1회 대회가 개최된 델픽게임의 인지도 및 파급효과는 낮은 수준이지만 2009년 제3회 대회를 유치한 제주의 역량에 의해 성장 가능성이 잠재되어 있다고 평가할 수 있다. 세계 각지로부터의 고유한 문화와의 상호교류의 범위가 대회의 성공 가능성을 가늠하는

---

14) 쿨레(1999). 『고대그리스의 의사소통』, pp.208 - 214. 아폴론제전의 경연부문은 애초 음악에 한정되었지만 올림픽의 인기에 편승하면서 추후 스포츠부문으로 확대되었다. 고증자료가 적지 않은 올림픽 경기와는 달리 '핀다의 아폴론제전 송사'(Pindar's Pythian Odes)를 제외하고는 아폴론제전과 관련된 현존하는 자료는 거의 없는 실정이다(Young, 2004).

기준이라면 참여대상의 폭이 극대화되어야 하지만 제주의 낮은 인지도를 감안하면 결코 용이하지 않은 과제이다. 따라서 내실 있는 대회내용을 계획하는 것도 중요하지만 행사개최지로서의 제주의 인지도를 향상시킬 수 있는 방안도 병행되어야만 성공적인 대회개최가 가능할 것이다.

인터넷 홈페이지는 시공간에 구애받지 않을 뿐만 아니라 의사소통의 본질을 저해하는 언어불편의 문제도 언어별 독립된 사이트를 구축하면 해결 가능하다는 장점이 있다. 초기 구축비용 이외에는 미미한 추가 관리비용으로 투자대비 효율성이 높은 대표적인 매체로서의 가치로 인해 수익성을 추구하는 민간 기업뿐만 아니라 시민참여의 폭을 확대하고자 하는 비영리 시민단체, 그리고 행정신뢰를 확보하려는 공공기관에서도 인터넷 홈페이지 운영의 중요성을 인식하고 있다. 이처럼 가상공간에서 운영되는 홈페이지를 매개한다면 국제자유도시를 지향하는 제주의 특성을 홍보할 수 있는 것과 마찬가지로 2009년 제주에서 개최되는 델픽게임의 효율적인 홍보도 인터넷 홈페이지를 이용한다면 충분히 가능하다.

2009년 9월 9일로 예정된 제주델픽게임의 개막식으로부터 불과 11개월 전인 2008년 10월 초순에서야 제주델픽게임 공식홈페이지(http://www.delphic2009.jeju.kr)의 운영이 개시되었다. 2008년 10월 하순까지 조직위원장도 선임되지 못한 상황을 감안하면 구체적인 행사준비계획을 기대하기 어려운 관계로 전반적인 운영시스템을 검토한 결과 수정 또는 보완 가능한 사안이 발견되었다.

첫 번째 문제제기가 가능한 사안은 공식홈페이지 도메인 명칭과 관련된 것이다. 현재 대다수의 인터넷 홈페이지 주소체계(URL)는

3단계로 구성되어 있는데, 1단계는 월드와이드웹을 의미하는 WWW, 2단계는 고유한 명칭, 그리고 3단계는 Com, Net, Kr처럼 조직 또는 국가특성을 의미하는 고유한 코드로 구성된다. 제주델픽 공식홈 페이지(http://www.delphic2009.jeju.kr)의 주소체계는 외견상 4단계로 구성된 것처럼 인식되므로 홈페이지에 접속한 네티즌은 낯선 첫인상을 느끼게 된다. 그리고 국제자유도시를 지향하는 제주의 정책을 감안하면 한시적으로 운영될 제주델픽 공식홈페이지에서 지역과 국가코드를 동시에 병기하는 건 적절하지 않다. 보편적인 3단계 주소체계를 채택한 세계델픽게임 홈페이지(http://www.delphic.org)의 간결한 주소명칭처럼 제주델픽게임의 공식홈페이지의 주소체계도 'http://www.delphic－jeju.org'라든지 'http://www.jeju－delphic.org' 또는 'http://www.delphic2009.net' 등처럼 연상이 용이한 주소체계로의 수정이 필요하다.

두 번째 보완이 필요한 사안은 외국어 사이트 구축과 검색엔진 등록에 관한 것이다. 세계문화올림픽으로 비유되는 델픽게임의 기본취지를 반영하려면 영어를 포함한 다양한 언어서비스를 제공하는 사이트의 중요성은 의문의 여지가 없음에도 한글서비스만 구축되어 있는 실정이다. 조직위원회의 임원구성 이전 실질적인 행사내용을 준비하기 어려운 관계로 질과 양적으로 빈약한 한글 홈페이지를 외국어로 번역하지 않은 것으로 판단되지만 대회 개막일까지 불과 10개월도 남지 않은 상황에서 제주델픽게임의 홍보는 시급히 추진되어야 할 우선과제이다. 이처럼 외국어 서비스를 기반으로 하는 홈페이지가 구축되지 못한 관계로 세계 최대의 검색엔진으로 분류되는 야후(http://www.yahoo.com)라든지 구글(http://www.google.com)

에서 'delphic' 또는 'delphic2009', 'delphi + jeju'를 검색어로 입력해도 제주델픽 공식홈페이지(http://www.delphic2009.jeju.kr)는 검색되지 않는다.

세 번째 가급적 수정이 요구되는 사안은 세계델픽게임위원회 (http://www.delphic.org)와의 연결서비스에 관련된 것이다. 세계델픽게임위원회 공식홈페이지의 초기화면에서 제공하는 4개의 외국어 서비스 중 영어를 선택하면 2009년 제주델픽게임 개막일로부터의 카운트다운이 표기되어 있고 제주델픽게임 공식홈페이지(http://www.delphic2009.jeju.kr)로의 링크(link)가 설정되어 있다. 전술한 바처럼 영어를 포함한 외국어 서비스로 구축된 별도의 홈페이지가 존재하지 않는 상황에서 세계델픽게임위원회를 방문한 외국 네티즌이 한글로 운영 중인 제주델픽게임 공식홈페이지로 접속하면 당황할 수밖에 없게 된다. 따라서 세계델픽게임위원회에 통보하여 영문홈페이지 구축 이전까지 제주델픽게임 홈페이지의 링크서비스를 차단하는 것이 바람직하다.

네 번째 사안도 세계델픽위원회에서 서비스 중인 제주홍보동영상에 관한 것이다. 제주의 낮은 인지도를 우려한 탓인지 세계델픽게임위원회 홈페이지를 접속하면 32초 분량의 제주홍보 동영상이 자동 실행되는 장면을 접하게 된다. 아름다운 제주의 자연환경을 배경으로 한국 제일의 관광지임을 홍보하는 영상물의 성격은 문화예술올림픽을 표방하는 세계델픽게임의 취지에 부합된다고 보기는 어렵다. 총 32초의 분량에서 6개의 자막이 송출되는데 반복적으로 등장하는 단어는 자연(nature)과 관광(tourism)이고 문화(culture) 또는 예술(art)이라는 단어는 단 1회도 등장하지 않는다. 한국 제일의 관광지임을 선언한 4번째 자막(Jeju – the best tourist destination in Korea)과 연이어 방문을 고대한다는 5번째 자막(Beautiful experience awaits your call)이 송출된 후 마지막 자막으로는 영상물 제작자인 제주국제자유도시개발센터와 홈페이지 명칭(Jeju Free International City Development Center, www.jdcenter.com)이 송출되면서 종료된다. 가급적 제주의 문화예술 홍보와 관련된 기존 동영상으로 대체하든지 또는 새로운 동영상을 제작한 후 세계델픽게임위원회 홈페이지에 링크하는 것이 바람직하다.

인터넷 홈페이지를 단순한 홍보매체로 간주하기보다는 가상공간에서의 또 다른 자아인 페르소나(persona)로 인식되어야 한다. 인터넷의 취지를 이해하지 못한 채 막대한 초기구축비용을 투자한 홈페이지를 불독에게 립스틱으로 치장해 준 격으로 비유한 로자베스 캔터(Rosabeth Kanter)를 인용하지 않더라도 대다수 네티즌이라면 홈페이지 운영의 양면성을 인식하고 있다.[15] 따라서 2009년 제주에서 개최될 델픽게임의 성공적인 운영은 체계적인 행사내용 준비와 더불어 인터넷 홈페이지의 적절한 운영에 좌우될 것이다.

---

15) 캔터(2002). 『불독과 립스틱』 p.116.

3. 제주 4·3의 미래지향적 논의
- 고통스러운 기억과의 대면

세계 상업영화시장을 선도하고 있는 할리우드에서 리메이크 제작 목적으로 판권을 구입한 영화 <올드보이, 2003>의 테제는 복수와 기억이다. 정체모를 폭력집단으로부터 납치되어 15년간 감금되었던 오달수(최민식 役)에게 남겨진 것은 복수의 일념뿐이었다. 복수를 위해 추적한 단서의 파편들이 서서히 맞춰지자 과거의 기억으로부터 납치감금의 동기를 파악한 오달수가 직면한 마지막 복수의 칼날은 미도(강혜정 役)의 정체였다. 15년 전 생일선물을 고대하던 4살배기 소녀로 기억하고 있던 본인의 혈육이 현재 사랑하는 사람과 동일인임을 확인한 오달수는 견딜 수 없는 기억을 최면의 도움으로 봉인해 버린다.

최면에 의한 기억의 봉인이란 완전한 삭제의 상태가 아니라 일시적으로 무의식의 상태로 전환된 것이다. 즉 억눌러진 기억은 추후 최면으로 유도 가능하고 예측하기 어려운 사소한 단서로부터 기억의 연상이 가능한 기억봉인 방식은 미봉책에 불과하다. 이처럼 외부의 통제 또는 자극에 의존하는 수동적인 회피를 선택한 <올드보이>의 오달수와는 달리 전직 비밀암살 요원인 제이슨 본(맷 데이먼 役)은 고통스러운 기억과의 정면대결을 선택한다. 비밀작전 수행 중 총격으로 기억상실에 빠진 본(Bourne)은 기억의 재구성으로 연상하기조차 싫을 수 있는 과거와 직면할 수 있음을 인식하지만 멈추지 않고 본인의 어두운 기억과 대면하는 과정을 그린 영화가 <본 슈프리머시Bourne Supremacy, 2004>이다.

극심한 심리적 외상을 준 사건이나 사고를 망각의 해법으로 해결하고자 한 <올드보이>에서의 오달수의 행동은 영화적 허구가 아닌 현실의 단면이 반영된 것이다. 그러나 고통스러운 기억을 잊는다고 해서 잊어지는 것이 아니라 오히려 철저히 기억해서 다시는 그런 일이 없도록 하는 기억의 해법이 올바른 대처방식이다.[16] 예를 들어 예기치 못한 엘리베이터 사고로 절체절명의 위기를 경험한 사람은 사고 이후 계단으로 오를 수 있는 층수의 건물만 이용하고 엘리베이터 탑승이 불가피한 고층건물은 회피한다. 이처럼 개인 및 사회 차원에서도 비효율적인 회피보다는 <본 슈프리머시>에서의 제이슨 본처럼 기억과의 고통스러운 대면과정을 거친 후 극복해 내는 인지행동치료가 바람직한 대처방식으로 권고되고 있다.

고통스러운 기억의 영향은 개인에 국한되는 것이 아니라 가족 또는 지인처럼 외부집단으로 확산될 수 있다. 또한 소규모 공동체가 공유하는 고통스러운 기억이 국가 전체로 확산될 수 있고, 애초부터 전 국민이 애도하는 국가 수준의 공유된 기억도 존재한다.

---

16) 허먼(2007). 『트라우마』 p.6.

1980년 민주주의 수호를 위해 봉기한 광주시민을 유혈로 진압한 5·18사건은 오랜 기간 광주의 아픔이었지만 1995년 특별법이 제정된 후 국가유공자 지정과 보상이 이뤄지면서 지역의 고통스런 기억이 국가 수준으로 격상되었다. 2000년 제주 4·3사건 특별법이 제정되었지만 국방부에서 근현대사 교과서 수정을 요구한 것처럼 특별법의 입법취지조차 무색한 실정이고, 실질적인 대책수립을 위한 후속 과제가 산적한 상황에서 4·3위원회의 통폐합 추진 시도로 5.18 사건과는 다른 양상으로 전개되고 있다.

고통스러운 지역의 과거 기억이 국가 수준으로 격상되려면 첫째, 사실에 대한 체계적인 조사결과가 도출되어야 하고 둘째, 조사결과에 대한 지역의 일치된 합의가 선행되어야 하고 셋째, 국가를 설득할 수 있는 논리개발과 홍보가 전제되어야 가능하다. 지방정부의 홈페이지에 상세한 조사결과를 공개함으로써 지역차원의 일치단결된 힘을 대내외에 천명할 수 있고, 홈페이지에 접속하는 타 지역 거주자를 대상으로 홍보활동을 전개함으로써 국가를 설득할 수 있는 기초를 다질 수 있다. 이런 맥락을 감안하면 과거의 아픈 기억을 회피하지 않고 정면으로 직면할 수 있는 장(場)을 제공하는 지방정부 홈페이지의 중요성은 두말할 나위가 없다.

제주도청 홈페이지(http://www.jeju.go.kr)의 초기화면에는 제주도정에서 홍보하고자 하는 다양한 항목의 정보를 제공하고 있다. 텍스트 기반의 홈페이지에서 의도적으로 부각할 필요성이 있는 정보는 이미지의 형태로 전환하거나 또는 시선유도가 가능한 색상/디자인의 차별화를 적용하게 된다. 이런 맥락에서 제주도청 홈페이지의 좌측 상단의 대형 이미지는 제주가 유네스코 지정 세계자연유산의 섬이라는 점을 부각시키고 있고, 파란 배경색에 흰색 글자로 '관광종합정보', '신비의 섬', '관광우수 및 가격인하업소'로 표기된 항목은 접속한 네티즌의 시선을 유도하고 있다. 이처럼 시선집중이 용이한 항목에는 관광 관련 정보가 집중된 반면 4·3과 관련된 정보는 초기화면의 공간에서는 완전히 누락되어 있는 실정이다.

제주의 고통스러운 기억인 4·3사건의 행정을 전담하는 4·3사업소가 운영되고 있음에도 불구하고 독립된 홈페이지는 구축되지 않았다. 제주도청 홈페이지의 초기화면 하단 좌측에 마련된 '사업소바로가기'를 클릭한 후 20여 개의 관련 사업소 명칭을 선택하면 해당 사업소의 독립된 홈페이지로 이동할 수 있다. 우선 문화진흥본부 산하 관련 사업소인 민속자연사박물관과 돌문화공원, 해녀박물관, 그리고 현대미술관은 중복 소개되어 있고 일부는 데드링크(dead link)되어 있는 오류가 발견된다. 이러한 사업소 중복소개의 동일오류는 세계자연유산관리본부에서도 나타나고 있다. 핵심적인 지적사항은 20여 개의 사업소 중 별도의 독립된 홈페이지가 구축되지 않은 4개의 사업소 명단에 4·3사업소가 포함된 점으로 4·3에 대한 행정의 무관심한 면모가 드러난다.

제주도청 홈페이지 초기화면의 하단에는 외부 공공기관으로의 직접연결이 가능한 97개의 배너가 설정되어 있다. 제주도청과의 직접 또는 간접적인 관계가 있는 외부 공공기관 중 선별된 97개의 명단에는 통폐합이 논의 중인 제주 4·3사건 진상규명 및 희생자 명예회복위원회 홈페이지(http://www.jeju43.go.kr)는 누락되어 있다. 제주에서 운영 중인 제주 4·3연구소 홈페이지(http://www.jeju43.org)를 포함한 4·3과 직간접적으로 관련이 있는 외부기관도 소개되어 있지 않다.

국제적인 관광지로 제주도의 이미지를 홍보할 목적으로 홈페이지 초기화면에 관광 관련 정보를 부각한 점은 적절하지만 지역 고유의 정체성이 전제되지 않는 관광이미지로는 차별화할 수 없다. 고통스러운 과거의 기억을 외부에 노출하지 않고 보여주고자 하는 이미지만 선별하여 공개함으로써 세계적인 관광지로 부상할 가능성은 극히 희박하다. 치열한 생존경쟁에서 비교우위를 점하고 있는 섬 관광지의 공통점으로는 지역고유의 정체성을 확립하고 있다는 점이다. 제주도와 마찬가지로 세계적인 섬 관광지로의 전환을 추진 중인 오키나와 현 영문 홈페이지(http://www.pref.okinawa.jp/english/index.html)에는 관광이미지와는 부합되지 않는 미군 쟁점(US. Military Issues)이 중요한 항목으로 부각되어 있다. 관련 항목을 접속하면 오키나와에 주둔 중인 미군의 경제·사회문화·환경적 영향뿐만 아니라 일목요연하게 정리된 미군기지의 정보도 공개함으로써 관광정보 탐색이 목적인 네티즌에게도 군사기지의 존재를 숨기지 않고 있다.

제주 4·3의 고통스러운 기억을 공유해 줄 수 있는 사람이 확대될수록 아픔은 경감되고 치유의 속도도 빨라질 것이다. 슬픈 기억을 억누르고 연상을 유도하는 것을 모조리 삭제하면 일시적인 효과는 기대할 수 있지만 근본적인 문제해결이 될 수 없다. 4·3을 직시하지 않고 지역의 정체성을 논할 수 없고, 확고한 지역정체성이 전제되지 않는 한 세계적인 섬 관광지로의 발전은 기대할 수 없다.

Part Ⅲ. 홍보마케팅

1. 제주국제자유도시의 포지셔닝 전략
– 네트워크의 크기와 구조의 관점

　사람과 상품, 그리고 자본의 자유이동이 가능하다는 제주국제자유도시의 지향점은 글로벌 네트워크의 중심이다. 국적에 구애받지 않고 제주로의 자유로운 출입을 보장하는 무비자 정책의 수혜대상이 2008년 현재 180여 개 국가라는 점에서 '사람'의 자유이동은 일견 현실화된 것처럼 보인다. 이처럼 제도적으로 '사람'의 자유이동은 보장되고 있지만 2006년 기준 제주 외국관광객 시장의 82%가 인접한 4개 국가인 일본(38%)과 중국(31%), 대만(12%)과 홍콩(1%)이 점유하는 현실을 감안하면 네트워크의 크기는 애초 의도한 전 지구적 범위에서부터 동북아시아의 일부로 축소된다.

　네트워크의 규모라는 측면에서 동북아시아 일부 국가로 편향된 제주방문 외국관광객 시장을 감안하면 '국제'도시로서의 성립기준이 충족되었다고 보기엔 어려울 것이다. 그러나 네트워크의 전체 크기가 동북아시아 일부 지역으로 국한되더라도 제주가 네트워크의 구조에서 중심에 자리매겨져 있다면 '국제'도시로 인식될 수 있다. 중심(centrality)[17]의 개념을 단순화해 보면 사람, 상품, 그리고 자본의 이동이 집중되는 공간이고, 집중의 형태는 크게 최종목적지 또는 중개지(仲介地)로 유형화할 수 있다. 다시 말해서 제주로 집중된 사람과 상품, 자본이 더 이상 이동하지 않고 제주에서 최종 소비되는 유형이 최종목적지이고, 제주를 경유하여 여타 지역으로 확산되는 유형이 중개지이다. 홍콩의 중개무역기능과 카이만제도 등의 역외금융센터를 벤치마킹한 점을 감안하면 제주가 지향하는 중심의 개념이란 중개 또는 매개 기능의 도시이다.

제주국제자유도시가 설정한 3개 이동의 자유 중 상품과 자본 관점은 논의단계인 반면 사람에 대한 자유이동은 구체적인 윤곽을 파악할 수 있다. 앞서 언급한 바처럼 제주방문 전체 외국관광객 시장의 82%를 점유하는 일본과 중국, 대만과 홍콩 국적 관광객 대다수는 제주에서의 관광 이후 인접한 다른 관광목적지로 이동하지 않고 자국으로 복귀한다. 즉 사람의 이동이라는 관점에서 제주는 최종목적지로서 중개기능이 설정된 상품과 자본 이동의 자유와는 대척점에 놓여 있는 상태이다.

관광객으로부터 선택된 최종목적지의 특성은 관광매력에 비례하고 이동거리에는 반비례한다. 일본과 중화권 관광객이 최종 선택한 제주는 여타 고려한 대안 관광지보다 차별적인 관광매력요인이 존재하고 이동시간의 단축으로 시간적·경제적으로 효율적인 관광목적지로 평가된 반면, 제주방문 전체 외국관광객 시장의 소수집단인

---

17) 사회네트워크분석(Social Network Analysis)에서는 중심성(centrality)과 집중도(centralization) 를 구분하고 있다. 중심성이란 한 행위자가 전체 네트워크에서 중심에 위치하는 정도를 표현하는 지표이고, 집중도란 한 네트워크 전체가 한 가지 중심으로 집중되는 정도를 표현하는 지표이다. 사회네트워크분석의 입문서로는 손동원(2005)과 김용학(2003; 2007) 참조.

유럽 및 미주 국적 관광객이 인식하는 관광목적지로서의 제주의 이미지는 명확하지 않은 것 같다. 유럽 및 미주 지역으로부터 최소 10시간을 상회하는 항공여정으로 시간적·경제적 부담이 가중될 뿐만 아니라 직항노선의 부재 및 환승의 불편함으로 야기된 심리적 이동거리를 극복할 수 있는 제주만의 관광매력요인이 인지되어야 한다.

관광목적지로서 제주가 벤치마킹하고자 하는 하와이와 발리는 대표적인 최종목적지이다. 장거리 항공비행이 요구되는 제주로의 이동과 마찬가지로 하와이 및 발리로의 여정은 상당한 시간이 소요되지만 직항노선 및 환승공항의 이용편리성은 심리적 거리를 단축시키는 요인이다. 하와이와 발리 방문은 항공비용 지출이 과도해질 수밖에 없는 여건이지만 전체 관광지출 항목 중 1~2순위인 숙박비용 절감 목적으로 체류 기간을 단축하기보다는 오히려 정반대 현상이 나타나고 있다.[18] 즉 하와이와 발리 방문 자체를 개인사(個人史)의 처음이자 마지막 관광경험(once in a life time experience)으로 인식한 대다수 관광객은 평균 5~10일 이상 체류하면서 휴양관광목적지의 매력을 경험하고자 한다. 결국 장거리 이동의 시간적·경제적 비용을 상쇄시킬 수 있는 매력요인이 인지되어야만 제주가 세계적인 최종관광목적지로서 발전할 수 있다.

휴양관광목적지의 전형적 기후조건이 형성된 하와이와 발리와는 달리 지정학적 위치상 4계절이 뚜렷한 제주의 이미지는 휴양관광목적지와는 거리가 멀다. 따라서 유럽 및 미주시장으로부터의 관광객 직접유입이 사실상 희박해진 상황에서 지리적으로 인접한 일본

---

18) State of Hawaii(2008), 『2007 Annual Visitor Research Report』 2007년도 하와이를 방문한 관광객이 지출한 전체 비용의 1순위는 숙박(37%), 2순위는 식음료(18.9%), 3순위는 쇼핑(16.8%), 4순위는 교통(9.7%) 순으로 집계되었다.

과 중화권 시장에 의존하는 현재의 제주로는 국제자유도시에 걸맞은 네트워크의 크기를 기대하기란 어렵다. 전 지구적 규모의 네트워크로 성장하기 위해서는 네트워크의 구조에서 제주의 위치가 최종목적지에서 중개지로 전환되어야 한다. 이처럼 사람에 대한 이동 자유의 관점도 상품과 자본의 관점과 동일한 중개기능이 강조되어야만 국제자유도시의 논리적 일관성이 확보되는 것이다.

최종관광목적지로서 제주방문 외국관광객 시장에서 가장 큰 비중을 점유하는 국가는 일본(38%)과 중국(31%)이다. 일본의 수도인 동경과 중국의 북경을 포함하여 양 국가 주요 대도시와의 직항노선이 개설된 제주에서는 최대시장인 일본과 중국 관광객 유치를 위한 다양한 마케팅 전략을 시행하고 있다. 이러한 마케팅의 결과로 일본 및 중화권 관광객에 한해 최종목적지로 선택되었지만 성장의 한계에 직면한 제주로서는 중개기능에 초점을 둔 새로운 포지셔닝(positioning) 전략을 강구해야 한다.

2006년도 4,900만 명의 외국관광객을 유치한 중국은 세계 4위의 관광대국이며 734만 명을 유치한 일본 외국관광객의 25.2%인 184여만 명이 미주와 유럽 국적이다. 일본 및 중국 주요 도시와의 직항노선이 개설된 제주의 구조적 위치를 감안하면 중개형 또는 경유형 관광지로의 성장 가능성이 충분하다. 예를 들어 일본 현지에서 공략하고자 하는 표적 시장이 일본인으로 국한된 현행 마케팅 전략뿐만 아니라 일본방문 외국관광객을 별개의 표적 시장으로 공략하고자 하는 새로운 마케팅 전략이 수립/집행되어야 한다. 이처럼 네트워크의 구조에서 제주가 자리매겨져 있는 위치가 적절해지면 네트워크의 크기도 증대될 것이다.

2. 제주명예도민의 사회학
─ 영웅(Hero)과 유명인사(Celebrity)의 경계

제물로 바쳐진 선남선녀를 살상한 반인반수의 미로타우로스 (Minotauros)를 처단한 테세우스(Theseus), 시선이 노출된 육신을 석상으로 변모시킨 메두사(Medusa)를 처단한 페르세우스(Perseus), 외눈박이 식인거인 키클롭스(Cylops)의 눈을 공격하여 극적으로 탈출한 오디세우스(Odysseus) 등 일일이 열거하기 어려울 만큼 수많은 영웅들이 존재한 신화(myth)의 시대는 문명이 진보해 감에 따라 초자연적 괴물의 실체가 부정되면서 소멸되었다. 신화의 구조를 이항대립(binary opposition)으로 설명한 인류학자 레비 스토로스(Levi ─ Strauss)[19]의 표현을 빌자면 선한 영웅의 존재는 대립관계인 악한 괴물의 존재가 전제되어야 하므로 기존 악의 축을 담당한 초자연적 괴물이 소멸되자 신화적 영웅의 존재도 종지부를 찍게 된 것이다.

절대 악으로 인식된 초자연적 괴물의 빈자리가 새로운 대상으로

---

19) 레비 ─ 스트로스(2005). 『신화학 Ⅰ : 날것과 익힌 것』

대체되면서 영웅의 존재는 재생될 수 있었다. 이집트 왕조와 페르시아 제국을 정복한 알렉산더 대왕(Alexander The Great), 헝가리까지 진출한 몽고제국의 시조 칭기즈칸(Genghis Khan), 유럽전역 정복 일보 직전에서 좌절된 나폴레옹(Napoleon), 불가능으로 여겨진 알프스를 횡단하여 이탈리아 반도로 진격한 한니발(Hannibal), 불굴의 의지와 '주사위는 던져졌다'고 선언한 후 루비콘 강을 건넌 카이사르(Caesar)의 결단은 정복시대의 대표적인 영웅적 이미지이다. 유럽중심의 세계에서 미지의 영역으로 항해한 바스코 다 가마(Vasco da Gama), 마젤란(Magellan), 콜럼버스(Columbus), 제임스 쿡(Cook) 등은 대탐험시대의 위대한 영웅이고, 각각 북극점과 남극점 그리고 에베레스트 정상에 도달한 최초의 탐험가인 피어리(Peary)와 아문센(Amundsen), 힐러리(Hillary)는 과학문명시대의 위대한 영웅으로 역사의 한 페이지를 장식하고 있다.

　인류문명의 진보양상에 맞춰 신화시대의 영웅은 순차적으로 정복시대와 탐험시대 그리고 과학문명시대에 적합한 새로운 이미지로 변모해 왔다. 20세기 전반 두 차례 세계대전의 여파로 만들어진 전쟁영웅 이후 더 이상 정복 또는 탐험 가능한 미지의 영역이 존재하지 않는 현대사회에서 자취를 감춘 영웅의 존재는 만화적 상상에 의해 재구성되고 있다. 신화시대의 헤라클레스(Heracles)적 모티브가 연상되는 슈퍼맨(Super Man), 거미와 인간 유전자의 결합으로 초자연적 능력이 생성된 스파이더맨(Spider Man), 첨단과학기술로 인간육체의 한계를 극복한 배트맨(Bat Man)은 기존 영웅의 이미지와는 확연히 차별화된 가공의 영웅인 관계로 현실적인 영웅에 대한 사회적 갈망은 충족되지 못한 채 분출의 계기를 기다리고

있다.[20)]

순수한 근력에 의존하여 인간육체의 한계에 도전하는 스포츠맨은 동서고금을 막론한 영웅의 기본전제인 초인적 이미지와의 유사성에도 불구하고 극소수만이 영웅화된다. 아마추어 스포츠정신이 상업화된 프로스포츠로 전환되면서 출현한 월등한 기량을 겸비한 스포츠선수는 매스미디어의 집중조명으로 유명인사(celebrity)가 될 수 있지만 금전적 동기가 연상되는 프로스포츠선수의 이미지로는 영웅(hero)으로 인식되지 않는다. 국가대표선수로 출전한 국제대회에서 프로스포츠선수로서의 육체적 기량에 최선을 다하는 순수한 아마추어 정신이 결부되어 국가위상을 빛낸 선수의 이미지는 유명스타에서 영웅으로 변모하고, 언론의 주목을 받지 못한 무명의 아마추어 선수는 계관시인 바이런(Byron)의 표현을 빌자면 '아침에 일어나 보니 영웅이 되기도' 한다.

스포츠를 포함한 사회 각 분야에서 전례 없이 양산된 전문인 중 일부는 매스미디어에 의해 유명인사로 만들어지지만 사회적으로 합의된 영웅의 출현빈도는 급감하고 있다. 과학문명시대에서 점차 사라져 가는 영웅에 대한 아쉬움과 더불어 겉모습만 영웅으로 둔갑한 유명인사의 증가추세를 개탄한 다니엘 부어스틴(Daniel Boorstin)의 대표적인 명저 『이미지와 환상』에서는 영웅과 유명인사의 차이점이 제시되어 있다. 영웅은 그가 달성한 성취로 확연히 구분되는

---

20) 그레시·와인버그(2004). 『슈퍼영웅의 과학』 만화책에 등장하는 슈퍼영웅들은 재즈, 감자칩 등과 마찬가지로 미국문화의 산물이다. 본래 쥘 베른의 환상적인 탐험소설이라든지 H. G. 웰스의 과학소설에 뿌리를 두고 있지만 지난 60년간 만화책에 등장한 슈퍼영웅은 미국인의 모습을 새롭게 반영한 산물이다. 미국인의 영웅은 CG기술이 진일보한 1970년대 이후 영화화되면서 전 세계인의 영웅으로 부상되었다.

반면 유명인사는 이미지 또는 트레이드마크로 연상되는 존재이고, 영웅은 스스로에 의해 탄생되지만 유명인사는 매스미디어에 의해 만들어지는 존재이고, 영웅은 훌륭한 대인(big man)인 반면 유명인사는 내실이 부족한 이름뿐인 존재(big name)에 불과하다.[21] 지근한 사례로 황우석 박사는 매스미디어에 의해 만들어진 유명인사에 불과하지만 영웅을 갈구하는 사회적 욕망으로 인해 허구의 영웅이 마치 국민적 영웅으로 호도되었던 것이다.

영웅은 금전적 동기와는 무관한 형이상학적인 명예를 추구하는 존재라는 점에서 제주명예도민의 기본전제는 영웅이다. 1971년부터 2001년까지 30년간 59명이 제주명예도민으로 위촉된 반면, 2005년도에는 지난 30년간 위촉된 총수인 59명, 2006년도에는 82명, 그리고 2007년도에는 75명이 위촉되는 등 제주사회의 영웅급증 현상은 영웅출현빈도가 급감한 세계적 추세와는 정반대이다. 제주명예도민의 최근 수여현황을 분석해 보면 크게 1) 직업정치인으로 분류되는 김형오 국회의장과 정몽준 한나라당 최고의원, 김창준 전 미국 하원의원 2) 연예인 유형인 배용준, 박상원, 최민수, 문소리, 김종학 등 태왕사신기 제작관계자 3) 세계자연유산관계자 유형으로 구분한다면 첫 번째 및 두 번째 유형인 정치인과 연예인 대다수는 유명인사로 분류하는 것이 타당하다.

영웅은 존경의 대상이지만 명예를 수여하는 기관을 직접 방문하는 겸양의 미덕을 발휘한다. 일국의 대통령도 빡빡한 순방일정 중 명예학위 수여대학을 직접 방문하여 특별강연을 하는 것과 비교해 보면 제주도지사가 부산으로 출타하여 김형오 국회의장을 제주명

---

21) Boorstin(1961), 『The Image: A Guide to Pseudo-Events in America』 p.61.

예도민으로 위촉한 방식은 전통적인 관례에 비춰보면 명예로운 행위가 아니다. 더구나 제주도를 대표하는 도지사가 제주명예도민증을 수여하는 장소로는 부적절한 부산광역시청 건물에서 행사를 주관한 점을 감안해 보면 유명인사를 영웅화하려는 폐단이 표출된 것으로 이해할 수 있다.

제주명예도민에 부합되는 영웅의 모델은 만화적 상상으로 구현된 슈퍼영웅도 아니며 매스미디어에 의해 만들어진 유명인사도 아니다. 제주에 대한 남다른 애정을 행동으로 실천한 평범한 시민의 공로에 대한 제주도민의 감사의 정을 전하는 방식이 제주명예도민이라면 매스미디어에 노출되지 않은 관계로 여태껏 알려지지 않았거나 또는 잊혀져 가는 인물을 발굴하는 대안적 발상이 필요하다. 필자의 관점에서 제주명예도민으로 추천하고자 하는 3명 중 한 명을 제외한 두 명의 신원은 확인되지 않은 관계로 추가조사가 요구되지만 환기의 차원에서 신원불명의 상태로 추천하고자 한다.

첫 번째 추천대상인물은 '신비의 도로'의 존재를 처음으로 발굴한 신혼부부이다. 1981년 제주를 방문한 신혼부부를 태운 택시가 우연히 도로에 정차하면서 세상에 알려진 '신비의 도로'는 관광개발 초창기의 부족함을 채우는 데 일조하였을 뿐만 아니라 체계적인 관광개발이 진행된 현시점에서도 체험관광의 가치는 유효하다.[22] 당시 결혼적령기가 20대 중후반인 점을 감안하면 첫 발견으로부터 27년이 흘러간 50대 초중반으로 추정되는 신혼부부에게 감사의 정을 표시한다면 동일 연령집단을 대상으로 신혼여행지로서의 추억을 연상시킬 수도 있다.

---

22) 제주신문(1981/06/02). ≪세워둔 自動車가 저절로 올라간다 – 신기한 요술고개≫

두 번째 추천대상인물은 2000년 12월부터 1년간 해녀의 삶을 체험한 호주의 인류학자 조세핀 라이트(Josephine Wright)이다. 비록 인류학적 현지조사의 목적으로 제주를 방문하였지만 20대 후반 외국여성의 1년의 해녀경험은 해녀의 맥이 끊어져 가는 제주의 현실을 감안하면 경이적이다. 2008년 현재 호주국립대학교(Australian National University) 인류학과의 박사연구자로서 연구와 강의를 하고 있는 조세핀 라이트의 관심 분야는 '바람과 돌, 그리고 근면한 여성: 제주에서의 근대화 및 정체성의 변모'로 표기되어 있다. 영문으로는 Interests: Wind, Stone and Hardworking Women - Modernity and Identity Transformation in Jeju - Do, South Korea로 표기된 바처럼 제주에 대한 남다른 애정으로 호주 현지에서 제주의 문화를 알리는 데 기여하고 있다.

세 번째 추천대상인물은 제주 바다의 안전한 항해의 지킴이로서의 등대지기이다. 1906년에 불을 밝힌 우도등대와 1915년부터 운영된 마라도등대, 그리고 1916년부터 운영된 산지등대는 오늘날에도 수많은 등대지기들이 순환근무가 이뤄지고 있는 고달픈 장소이다.23) 3대의 유인등대에서 근무한 누적연수가 최소 15년 이상인 등대지기 또는 대를 이어 제주에서 근무한 등대지기의 존재에 관심을 가지고 감사의 마음을 전하는 것이다.

---

23) 주강현(2007). 『등대: 제국의 불빛에서 근대의 풍경으로』「제주편」참조.

3. 제주그랜드세일에 대한 단상
- 서울그랜드세일과의 비교분석

2008년 베이징 올림픽 개최 기간 전후 서울특별시와 제주특별자치도에서 추진할 그랜드세일(Grand Sale)이라는 대규모 관광마케팅의 목적은 외국관광객 유치라는 단기적 효과뿐만 아니라 장기적으로 국제관광지로서의 이미지 제고라는 효과도 기대하는 것이다.

그랜드세일의 배경을 간략히 살펴보면 올림픽이라는 메가 이벤트(Mega Event)가 자국에서 개최되는 중국관광객의 방한감소가 예상될 뿐만 아니라 국내 최대 관광시장인 일본관광객 상당수의 여름휴가도 올림픽과 연계된다면 초래될 외국관광객 감소비율 최소화 방안이 대두되었다. 또한 올림픽 기간 전후 방문할 수십만 명의 외국관람객을 대상으로 한국을 경유할 수 있는 매력요인을 제공한다면 관광객 유치효과뿐만 아니라 전 세계 외국관람객을 대상으로 관광홍보효과도 기대할 수 있다는 점이 그랜드세일의 배경인 것이다.

2010년을 기점으로 1,200만 명의 외국관광객이 방문하는 세계적

문화관광도시로의 도약을 선언한 서울특별시에게 2008년 베이징 올림픽은 기회이자 도전과제인 셈이다. 우리나라를 방문한 외국관광객 중 50%를 점유한 일본 및 중국관광객과 비교해 보면 유럽국적 관광객 비중이 9% 내외로 특정시장 의존성이 강한 현 구조로는 양적 성장에도 한계가 있을 뿐만 아니라 질적 관점에서 서울이 글로벌 도시로서의 이미지로 인지되기 어렵다.

결과적으로 방한 외국관광객시장의 다양화가 요구되는 상황에서 서울특별시에서 바라본 베이징 올림픽은 '이웃사촌이 땅 사면 배 아프다'라는 시기의 대상이 아니라 '누이 좋고 매부 좋고'라는 관점에서 접근한 것이다.

서울특별시에서 추진한 그랜드세일의 기간은 7월 19일부터 8월 31일까지로 8월 8일부터 24일까지인 베이징 올림픽 개최 기간 전후를 포함하고 있다. 올림픽 개막식 전 대략 20일간의 세일은 주로 최대시장인 일본관광객을 염두에 둔 것이고, 올림픽 개막식 이후부터는 베이징 현지에서 올림픽 관람객을 대상으로 서울그랜드세일을 홍보하여 귀향 전 서울을 경유하도록 하는 것이다. 이처럼 외국관광객을 대상으로 설정한 서울그랜드세일의 자세한 내용은 홈페이지'http://www.seoulgrandsale.com'에서 확인할 수 있다.

애초 계획한 관광일정에서 추가로 서울을 경유할 경우 촉박한 일정으로 관광지출의 규모는 크지 않지만 서울을 경유한 자체가 장기적으로 보면 서울의 인지도 및 이미지 향상에 도움이 된다는 점이다. 예를 들어 브랜드파워가 높은 상품은 안심하고 구매하지만 거의 알려져 있지 않는 중소기업 상품은 잠재적 위험부담을 회피하려는 심리로 인해 구매확률이 매우 낮지만, 시식코너 방문 후

심리적 전환과정이 이루어져 실제 구매행동으로 연계될 확률이 높아지게 된다. 사회심리학에서 '문에 발 들여놓기 방법'(foot - in - the - door technique)으로 설명하는 이러한 현상은 '한 술에 배부르랴'라는 옛 속담과 맥을 같이한다.[24]

서울특별시와 제주특별자치도는 지방자치단체 중 유일하게 '특별'이라는 명칭만 공유하는 것이 아니라 그 특별함에 걸맞은 공통점을 공유하고 있다. 1,200만 명의 외국관광객 유치를 선언한 서울특별시와 비교해 보면 제주특별자치도에서도 1,000만 명 관광객시대를 선언한 점이다. 또한 세계 문화관광도시로의 도약을 준비 중인 서울특별시와 마찬가지로 제주는 국제자유도시로의 발전을 추진 중이다. 이런 점에서 베이징 올림픽은 비단 서울특별시뿐만 아니라 제주특별자치도에게도 기회이자 도전과제인 셈이다.

중앙언론매체인 조선일보 4월 22일자에 의하면 제주특별자치도는 베이징 올림픽 기간을 전후한 7월 19일부터 8월 31일까지 그랜드세일을 진행할 것으로 기사화되었다. 그런데 조선일보 7월 3일자에 의하면 제주특별자치도의 그랜드세일 기간이 8월 11일부터 9월 30일까지로 수정하였는데, 성수기의 항공좌석난을 갑작스러운 변경사유로 제시하였다.

그랜드세일의 애초 기간인 7월 11일부터 8월 31일까지 52일간 항공회사(예를 들어 대한항공)에서 설정한 성수 기간과는 38일이 일치한다. 그리고 변경 기간인 8월 11일부터 9월 30일까지 51일간 항공회사의 성수기와는 19일이 일치한다. 개최 기간을 변경함으로써 성수 기간을 정확히 절반으로 단축시켰지만 여전히 19일이나

---

24) Foot - in - the - door technique에 관해서는 애런슨(2002). 『사회심리학』 p.204.

성수기와 일치하고, 해외관광 출국수요가 국내로 전환되면서 9월까지는 성수기와 비성수기를 구분하는 것이 별반 의미가 없다.

이러한 전후맥락을 검토해 보면 성수기의 항공좌석난을 그랜드세일 기간 변경사유로 제시한 제주특별자치도의 설명에 의문점이 생긴다. 신문기사에 보도된 바처럼 그랜드세일의 대상이 베이징 올림픽 관람객이라면 국제항공노선과 연계된 것이지 국내 항공좌석과는 별반 관련이 없다. 인천국제공항이라는 허브공항뿐만 아니라 1일 8회 일본 도쿄 하네다공항 노선이 운항 중인 김포공항은 올림픽 관람객의 서울 경유를 가능케 한다. 주 1회의 중국 베이징 직항로 운항횟수를 감안하면 베이징 올림픽 관람객을 제주로 유치하기 위해서는 최소 1년 이전부터 체계적인 홍보마케팅이 전개되어야 가능할 것이다. 그러나 7월 11일까지 참여업체 신청접수를 받은 걸 보면 사전 준비가 철저한 서울특별시와 비교되는 대목이다.

베이징 올림픽 기간 중 전 세계로부터 방문한 외국관광객을 제주로 유치하는 방안은 애초 실현 가능성이 극히 희박하였다. 세일 기간을 8월 11일부터 9월 30일까지로 변경함에 따라 올림픽 폐막 이후 기존 외국관광객 최대시장인 일본 및 중국관광객 유치를 촉진할 수 있는 방안으로서 그랜드세일은 기대한 효과를 달성하기 어려울 것이다.

제주 그랜드세일은 모든 업종에서 모든 업체가 참여하는 것이 아니라 민간사업자인 경우 자발적 참여업체만이 해당된다. 즉 그랜드세일에 참여한 업체를 개별 관광객이 일일이 직접 선택해야만 세일의 효과를 누릴 수 있는데, 내국관광객으로서는 가능하지만 일본 및 중국관광객 입장에서는 호응을 유도하기 어렵다.

일본 및 중국관광객의 관광유형은 모든 일정을 여행사에 일임한 이른바 패키지투어가 주류이다. 제주로의 항공편에서부터 제주에서의 숙박 및 식사, 그리고 관광지 방문경험까지 사전 일정이 계획된 패키지투어의 속성을 감안하면 세일내용을 반영하여 기존 패키지투어 비용을 최소 10% 이상 할인해야 제주로의 방문동기를 자극할 수 있다. 고유가로 자국 또는 단거리 해외관광목적지로 변경하는 건 비단 우리나라뿐만 아니라 일본과 중국도 마찬가지이므로 품질은 동일하지만 가격만 10% 인하된 제주관광 패키지투어는 감소추세인 일본 관광객 심리에 소구할 것이다.

결국 국제적 관광지임을 표방하지만 제주 그랜드세일의 주요 대상은 내국관광객일 수밖에 없다. 고유가로 해외관광 대신 제주를 선택할 관광객 수 증가가 예측되면서 최소 추석연휴와 연계된 9월 말까지 주말에는 초성수기 못지않은 호황이 예상된다. 그렇다면 사전 고정된 할인율보다는 수요 탄력적 그랜드세일을 운영하는 방안도 고려해 볼 수 있다. 즉 주중에는 애초 의도대로 최소 20%에서 최대 50%까지의 할인율을 유지하는 대신 주말인 경우 일률적으로 10%로 할인율을 낮추는 것이다. 이런 방식이라면 수익을 기준으로 참여 여부를 망설인 업체의 자발적 참여를 유도할 수 있고 소비자 입장에서도 선택의 폭이 커져 전반적인 수요분산 효과도 기대할 수 있을 것이다.

4. 비치파라솔 적정가격의 논란

- 새로운 대안 모색

고온다습한 우리나라의 여름기후로 심신이 무기력해지면 개인의 통제능력이 느슨해지면서 업무집중도가 하락하고 사소한 일에도 불쾌감을 표출한다. 무더위가 기승을 부리는 여름 기간의 생산성은 하락하는 반면 산업재해는 증가하므로 여름휴가는 재충전을 위한 건설적인 투자로 인식되고 있다.

경제적으로 가처분소득의 증가 및 주 5일 근무제 정착으로 여유시간이 충분해지자 해외관광목적지를 하계휴양지로 선택하는 관광객은 매년 큰 폭으로 증가하고 있다. 고유가의 여파로 인해 2008년도 해외출국자 수는 소폭 감소추세이지만 국내관광환경의 현 수준으로는 경쟁열세 국면을 피하기 어려울 것이다.

특정 기간에 집중된 여름휴가의 특성으로 인해 극심한 교통정체 및 인산인해를 이룬 국내 휴가지의 혼잡은 해외관광목적지의 선호도를 설명해 주고 있는 요인이다. 이러한 악조건에도 불구하고 국내관광지로 여름휴가를 떠난 관광객을 무기력하게 하고 불쾌지수를 급상승시키는 요인은 터무니없는 '바가지요금'과 불친절한 서비스인 것이다.

수요와 공급에 의해 가격이 결정되는 시장경제에서 여름휴가 기간 중 일시적으로 폭증한 수요를 충족하기에는 부족한 공급여건으로 가격상승은 불가피하다. 관광객도 이러한 공급의 문제점을 인식하므로 평상시 가격보다 추가비용 지출을 예상하지만 기대한 수준을 상회한 추가지출범위를 바가지로 인식한다. 예를 들어 항공좌석 공급의 부족으로 평소보다 20% 이상 인상된 성수기 요금을 얄팍한 상술로 치부하는 관광객은 많지 않지만, 700원짜리 컵라면을 2,000원에 판매하는 행위는 바가지로 인식한다는 점이다.[25]

관광객이 용인할 수 있는 추가지출범위와 관광사업주가 제시한 인상가격범위의 접점이 합리적인 적정가격이겠지만 해답을 도출하기 어려운 문제이다. 정답이 존재하지는 않겠지만 대체로 관광객은 컵라면처럼 저가상품의 가격인상의 폭에 대해 민감하게 반응하는 것 같다. 저가상품을 취급하는 중소사업주 입장에서 20% 인상한 항공요금처럼 700원짜리 컵라면을 20% 인상한 850원으로 판매하라면 부당한 비교라고 항의하겠지만 소비주체인 관광객은 그렇지 않다고 생각하기 때문에 바가지요금 시비가 발생하는 것이다.

바가지요금이 제기되는 품목 대부분은 중소사업주가 판매하는 다양한 유형의 저가상품인 관계로 통제하기가 쉽지 않다. 예를 들

---

[25] 애리얼리(2008)는 트베르스키(Tversky)와 카너만(Kahneman)이 수행한 다음과 같은 연구 결과를 소개하고 있다. 25달러짜리 펜을 파는 가게로부터 도보로 15분 거리에 있는 다른 상점에서 동일한 펜을 18달러에 판매한다면 대부분의 사람들은 7달러를 아끼기 위해 발품을 마다하지 않는다. 그러나 445달러짜리 고급 남성정장을 판매하는 가게로부터 도보로 15분 거리에 7달러 저렴한 438달러로 판매하는 가게가 있음을 인지해도 대부분의 사람들은 445달러의 상품을 구매한다고 한다.

어 행정당국이 개입하여 정가 700원짜리 컵라면을 1,000원으로 판매한다면 여타 다른 모든 상품도 컵라면 인상분과 동일하지 않다면 바가지요금에 대한 시비가 없어지지 않는다. 시장경제에서 행정당국이 모든 상품의 가격결정에 개입하기 어렵다면 피서지에서의 대표적인 1~2개 상품가격을 통제하는 것이 효율적이다. 이런 관점에서 제주특별자치도의 파라솔 가격인하 개입을 이해할 수 있다.

언론보도에 의하면 제주도 전역의 해수욕장 파라솔 가격이 1만 원으로 인하되었다. 애초 3만 원에서 2만 원, 그리고 1만 원으로 전격 인하되었는데, 요금인하의 근거로 육지 해수욕장 파라솔 가격인 5,000원이 제시되었다고 한다. 관광객 관점에서는 상품가격이 저렴할수록 만족하겠지만 파라솔 사업주로서는 기대수익 감소로 심기가 불편해지기 마련이다. 수려한 경관과 에메랄드빛 바다에서 해수욕이 가능한 제주의 해수욕장의 경쟁력을 감안한다면 관광객으로서는 여타 육지 해수욕장의 파라솔 이용요금보다 높은 가격을 지불할 용의가 있을 것이다. 내년도 파라솔 가격결정을 위해서라도 올해 해수욕장 이용객을 대상으로 파라솔 이용요금의 지불한도(willingness to pay)를 조사하는 것이 바람직하다.

파라솔 가격이 행정당국의 개입에 의해 인하되면 사업주가 여타 다른 품목에서 수익을 무리하게 내고자 하면 또 다른 바가지요금 시비가 발생할 것이다. 따라서 파라솔 가격보다는 계절음식점 가격을 인하하게 되면 그동안 비싼 가격대로 방문이 저조한 이용객 증가와 사업주 수익증가에도 기여할 것이다. 현재 파라솔 가격인하에 행정력이 집중된 관계로 마지막으로 파라솔 가격에 대한 소견을 제시하고자 한다.

해수욕장을 방문한 이용객 중 일부는 1～2시간 정도 체류하기도 하고 또 어떤 이용객은 개장시간부터 폐장시간까지 종일 이용하는 등 이용시간은 동질적이지 않다. 촉박한 관광일정 중 짬을 내어 2～3시간 정도 해수욕장을 이용하고자 하는 관광객도 있을 수 있고, 한적한 오전시간에 해수욕장을 이용하고 오후시간에는 개인적 업무를 보고자 하는 도민도 있을 수 있다. 즉 일률적인 1일 기준 요금보다는 이용시간대에 따른 할인요금 책정이 고려될 수 있다는 점이다.

해수욕장의 이용객이 붐비는 황금시간대를 오후 1시 이후부터라고 가정해 보면 개장시간부터 오후 1시까지는 상대적으로 한가한 시간으로 간주하여 요금을 할인해 주는 것이다. 예를 들어 파라솔 이용요금을 '자유 이용권'과 '반나절 이용권'으로 구분하여 '자유 이용권'은 이용시간대와 이용시간에 관계없이 고정요금인 10,000원을 책정하고, '반나절 이용권'은 입장시간은 상관없지만 반드시 오후 1시까지 이용을 종료해야 한다는 조건으로 5,000원을 책정한다. '반나절 이용권'인 경우 요금은 5,000원이지만 보증금 명목으로 5,000원을 추가 징수한 10,000으로 판매하여 조건 충족 시 5,000원을 환불하고 그렇지 못하면 되돌려주지 않는 것이다.

〈표 4〉 비치파라솔 적정가격 논의

	입장시간	종료시간	이용요금	이용집단유형
자유 이용권	자유 (개장 이후)	자유 (폐장 전)	10,000원	일반 도민 / 관광객
반나절 이용권	개장 이후	오후 1시 이전	5,000원	알뜰피서형 (도민) 한적희망형 (관광객)

참고문헌

- 국내외 단행본

고길섶(2005). 『부안 끝나지 않은 노래: 코뮌놀이로 본 부안항쟁』 서울: 앨피.

고프, J. L. (2001). 『서양 중세 문명』 Goff, J. L., *La Civilisation de l'Occident Medieval*(유희수 역). 서울: 문학과 지성사.

곰브리치, E. H. (1987). 『서양미술사 下』 Gombrich, E. H., *The Story of Art*(최민 역). 서울: 열화당.

그랩스트, W. A. (2005). 『스웨덴기자 아손, 100년전 한국을 걷다: 을사조약 전야 대한제국 여행기』 Grebst, W. A., *I Korea*(김상열 역). 서울: 도서출판 책과함께.

그레시, L. H. · 와인버그, R. (2004). 『슈퍼영웅의 과학』 Gresh, L. H., & Weinberg, R., *The Science of Superheroes*(이한음 역). 서울: 한승.

김용학(2003). 『사회 연결망 이론』 서울: 박영사.

_____(2007). 『사회 연결망 분석』 서울: 박영사.

김향(2006). 『하이쿠와 우키요에, 그리고 에도시절』 서울: 다빈치.

나나미. S. (1996). 『로마인 이야기2: 한니발 전쟁』 서울: 한길사. Nanami. S., *Res Gestae Populi Romani II : Bellum Hannibalicum*(김석희 역). 서울: 한길사.

러브록, J. (2008). 『가이아의 복수』 Lovelock, J., *The Revenge of Gaia: Earth's Climate in Crisis and the Fate of Humanity*(이한음 역). 서울: 세종서적.

레비 – 스트로스, C. (2005). 『신화학 I : 날것과 익힌 것』 Levi – Strauss, C., *Mythologiques*(임봉길 역). 서울: 한길사.

렐프, E. (2005). 『장소와 장소상실』 Relph, E., *Place and Placelessness*(김덕현 · 김현주 · 심승희 역). 서울: 논형.

로젠펠드 L. · 모빌, P. (2001). 『웹사이트 구축을 위한 인포메이션 아키텍처』 Rosenfeld, L., & Morville, P., *Information Architecture for the World Wide Web*(김화수 · 이소민 역). 서울: 한빛미디어.

뢰쉬부르크(2007). 『여행의 역사: 오디세우스의 방랑에서 우주 여행까지』 Loeschburg, W., *Und Goethe war nie in Greichenland: Kleine Kulturgeschichte des Reisens*(이민수 역). 서울: 효형.

메이요, E. J. · 자비스, L. P. (1998). 『여가관광심리학: 관광산업의 마케팅과 판매기법 적용』 Mayo, E. J., & Jarvis, L. P., *The Psychology of Leisure Travel: Effective Marketing and Selling of Travel Services*(손대현 · 장병권 역). 서울: 백산출판사.

몽고메리, B. L. (1996). 『전쟁의 역사 Ⅱ』 Montgomery, B. L., A *History of Warfare*(승영조 역). 서울: 책세상.

박상미(2004). 커피의 소비를 통해 본 한국 사회에서의 미국적인 것의 의미. (문옥표 외 4인 편저). 『우리 안의 외국문화: 관광과 음식을 통해 본 문화소비』 서울: 도서출판 소화.

배리, J. (2004). 『녹색사상사: 루소에서 기든스까지』 Barry, J., *Environment and Social Theory*(추선영 · 허남혁 · 이홍균 역). 서울: 이매진.

백기락(2006). 『패턴리딩: 실용독서의 뉴패러다임』 서울: 크레벤지식서비스.

벨, D. (2006). 『탈산업사회의 도래』 Bell. D., *The Coming of Post — industrial Society*(김원동 · 박형신 역). 서울: 아카넷.

블로크, M. (2002). 『봉건사회 Ⅰ』 Block, M., *La Societe Feodale*(한정숙 역). 서울: 한길사.

비데, E. (2003). 『한국의 일상 이야기: 어느 프랑스인이 본 처가의 나라 꼬레』 Bidet, E., *Entre Douceur et Grarite Chranique d'une Coree Quotidienne*(최미경 역). 서울: 눈빛.

샌더스, C. (1996). 『소쉬르의 일반언어학 강의』 Sanders, C., *Cours de Linguistique generale de Saussure*(김현권 역). 서울: 어문학사.

설혜심(2002). 『온천의 문화사: 건전한 스포츠로부터 퇴폐적인 향락에

이르기까지』 서울: 한길사.

성영신·김완석(1987). 「소비자 정보과부하 현상에 대한 역동적 연구: 정보의 양과 물리적 특성의 효과」 한국심리학회지, Vol.6(1), pp.34 – 50.

세계환경발전위원회(1994). 『우리 공동의 미래』 WCED., Our *Common Future*(조형준·홍성태 역). 서울: 새물결.

세로셰프스키, V. (2006). 『코레아 1903년 가을』 Seroshevskii, V., *Korea*(김진영 외 역). 서울: 개마고원.

손동원(2005). 『사회 네트워크 분석』 서울: 경문사.

쉬벨부쉬, W. (2004). 『철도여행의 역사: 철도는 시간과 공간을 어떻게 변화시켰는가』 Schivelbusch, W., *Geschichte der Eisenbahnreise*(박진희 역). 서울: 궁리.

슈마허, E. F. (1986). 『작은 것이 아름답다』 Schumacher, E. F., *Small is Beautiful: A Study of Economics as if People Mattered*(김진욱 역). 서울: 범우사.

스미스, M.·콜록, P. (2001). 『사이버공간과 공동체』 Smith, M., & Kollock, P., *Communities in Cyberspace*(조동기 역). 서울: 나남출판.

스펜서, R. W. (2008). 『기후 커넥션』 Spencer, R. W., *Climate Confusion*(이순희 역). 서울: 비아북.

쌍소, P. (2000). 『느리게 산다는 것의 의미』 Sansot, P., *Du bon Usage de la Lenteur*(김주경 역). 서울: 동문선.

애런슨(2002). 『사회심리학: 사회적 동물 8th』 Aronson, E., *The Social Animal, 8th*(구자숙 외 역). 서울: 탐구당.

애리얼리, D. (2008). 『상식 밖의 경제학』 Ariely, D., *Predictably Irrational*(장석훈 역). 서울: 청림출판.

월러스틴, I. (2005). 『월러스틴의 세계체제 분석』 Wallestein, I., *World – Systems Analysis: An Introduction*(이광근 역). 서울: 당대.

오그래디, R. (1985). 『제3세계의 관광공해』 O'Grady, R., *The Third World Stopover: The Tourism Debate*(한국기독교사회문제연구원 역). 서울: 민중사.

유지윤(2006). 『관광산업 복·융합화 촉진방안: 의료관광을 중심으로』

서울: 한국문화관광정책연구원.

이도원(1999). 『떠도는 생태학』 서울: (주)범양사출판부.

이재현(2000). 『인터넷과 사이버사회』 서울: 커뮤니케이션북스.

이진경(2002). 『근대적 시·공간의 탄생』 서울: 푸른숲.

_____(2002). 『필로시네마 혹은 영화의 친구들』 서울: 소명출판.

제주도 한라산생태문화연구소(2006). 『한라산의 구비전승·지명·풍수』 제주: 도서출판 각.

주강현(2007). 『등대: 제국의 불빛에서 근대의 풍경으로』 서울: 생각의 나무.

차미숙(2007). 「해외의 섬 개발정책 사례와 시사점: 그리스 산토리니섬과 이탈리아 카프리섬을 중심으로」 국토, Vol.311. pp.60 - 68.

카슨(2001). 『고대의 여행 이야기』 Casson, L., *Travel in the Ancient World*(김향 역). 서울: 가람기획.

캔터, R. M. (2002). 『불독과 립스틱』 Kanter, R. M., *Evolution: Succeeding in the Digital Culture of Tomorrow*(김영수 역). 서울: 세종서적.

커즌, G. N. (1996). 『100년 전의 여행 100년 후의 교훈』 Curzon, G. N., *Problem of the Far East*(라종일 역). 서울: 비봉산출판.

쿨레, C. (1999). 『고대그리스의 의사소통』 Coulet, C., *Communiquer en Grece Ancienne*(이선화 역). 서울: 영림카디널.

클레이턴, P. A. (2002). 『세계 7대 불가사의』 Clayton, P. A., *The Seven Wonders of the Ancient World*(김훈 역). 서울: 가람기획.

퍼트남, R. (2006). 『사회적 자본과 민주주의』 Putnam, R., *Making Democracy Work: Civil Traditions in Modern Italy*(안청시 외 역). 서울: 박영사.

피셔, H. E. (1996). 『성의 계약: 인간의 진화를 보는 새로운 관점』 Fisher, H. E., *The Sex Contract*(박매영 역). 서울: 정신세계사.

피셔, J. D.·벨, P. A.·바움, A. (2001). 『환경심리학』 Fisher, J. D., Bell, P. A., & Baum, A., *Environmental Psychology*(이진환·홍기원·정영숙 역). 서울: 학지사.

하비, D. (2002). 『포스트모더니티의 조건』 Harvey, D., *The Condition of Postmodernity: An Enquiry into the Origins of Cultural Change*(구동

회 · 박영민 역). 서울: 한울.

핼웨일, B. (2008). 『로컬푸드: 먹거리 – 농업 – 환경, 공존의 미학』 Halweil, B., *Eat Here: Homegrown Pleasures in A Global Supermarket* (김종덕 · 허남혁 · 구준모 역). 서울: 시울.

허먼, J. (2007). 『트라우마: 가정폭력에서 정치적 테러까지』 Herman, J., *Trauma and Recovery: The Aftermath of Violence*(최현정 역). 서울: 플래닛.

험프리, C. R. · 버틀, F. R. (1995). 『환경사회학』 Humphrey, C. R., & Buttel, F. R., *Environment, Energy and Society*(양종회 · 이시재 역). 서울: 사회비평사.

홉스봄, E. (2002). 『혁명의 시대』 Hobsbawm, E., *The Age of Revolution 1789 – 1848*(정도영 · 차명수 역). 서울: 한길사.

홍성만(2007). 「부안군 방사성폐기물처분장 건립」 갈등사례. (박홍엽 외 4인 편저). 『공공갈등: 소통, 대안 그리고 합의형성』 서울: 르네상스.

후쿠야마, F. (2002). 『트러스트: 사회도덕과 번영의 창조』 Fukuyama, F., *Trust: The Social Virtues and the Creation of Prosperity*(구승회 역). 서울: 한국경제신문사.

Anderson, B. (1991). 『Imagined Communities: Reflections on the Origin and Spread of Nationalism』 Verso.

Berners – Lee, T. (2000). 『Weaving the Web: The Original Design and Ultimate Destiny of the World Wide Web』 Harper Business.

Bookman, M. Z. & Bookman, K. R. (2007). 『Medical Tourism in Developing Countries』 Palgrave Macmillan.

Boorstin, D. J. (1961). 『The Image: A Guide to Pseudo – Events in America』 First Vantage Books Edition.

Chang, K. S. (1999). 「Compressed Modernity and Its Discontents: South Korean Society in Transition」. *Economy and Society*, Vol.28(1). pp.30 – 53.

Gifford, (1997). 『Environmental Psychology: Principles and Practice, 2th』 Allyn & Bacon.

Henderson, J. C. (2004). 「Healthcare Tourism in Southeast Asia」 *Tourism Review International*, Vol.7, pp.111 – 121.

Henderson, J. C. (2007). 『Tourism Crises: Causes, Consequences & Management』 Butterworth – Heinemann.

Lynch, K. (1960). 『The Image of the City』 The MIT Press.

Mumford, L. (1963). 『Technics and Civilization』 Harcourt Brace & Company.

Naisbitt, J. (1994). 『Global Paradox』 Avon Books, Inc.

Simon, H. A. (1997). 『Administrative Behavior, 4th ed』 The Free Press.

Urry, J. (1990). 『The Tourist Gaze: Leisure and Travel in Contemporary Societies』 Sage Publications.

Young, D. C. (2004). 『A Brief History of the Olympic Games』 Blackwell Publishing.

Zucker, L. G. (1986). 「Production of Trust: Institutional Sources of Economic Structure, 1840 – 1920」 *Research in Organizational Behavior*, 8, pp.53 – 111.

– 언론매체

메디컬투데이. 2008/07/25. ≪OOO제주리조트점 서비스……취재 시작하자 중단≫

서울경제. 2008/07/17. ≪의료관광, 가깝고도 먼 길≫

시사저널(2008). 980호. ≪재앙 부르는 기후변화 '질병지도'도 바꿨다≫

신동아(2008). 8월호. ≪제주도엔 제주음식이 없다 – 박물관 쇼윈도에 있을 뿐≫

제민일보. 2008/07/15. ≪의료관광상품 제주에서 첫선≫

제주신문. 1962/09/04. ≪實現되려나 道民의 꿈, 漢拏山頂까지 케이블카≫

_____. 1967/07/08. ≪東洋의 하와이, 尨大한 觀光開發計劃≫

_____. 1977/11/25. ≪漢拏山 白鹿潭碑, 人工的인 것은 神聖性을 훼손≫

_____. 1981/06/02. ≪세워둔 自動車가 저절로 올라간다 - 신기한 요술고개≫

_____. 1981/09/18. ≪走馬看山 제주관광, 단 10분간 들르는 곳도≫

제주일보. 2008/07/29. ≪제주 최고의 경관은? ……한라산!≫

_____. 2009/01/29. ≪지난해 제주 찾은 해외의료관광객 46명 불과≫

조선일보. 2008/04/03. ≪베이징올림픽 기간 관광요금 그랜드 세일≫

_____. 2008/07/03. ≪세일 함께할 업체를 찾습니다≫

프리존뉴스. 2008/09/07. ≪건국60주년, 국군의 사명 - 북한해방 · 자유 통일≫

한국일보. 2005/09/22. ≪롯데百 '루이비통 효과' 톡톡 - 매장 입점 후 매출 20% 늘어≫

한라일보. 2008/07/24. ≪제주자치도 "의료관광은 세계적 흐름"≫

Chicago Tribune. 2008/03/28. ≪For Big Surgery, Delhi is Dealing≫

Economist(2004). ≪The Americas: Safe Haven Tourism in Mexico≫. Vol.373(8396).

- 보고서

State of Hawaii(2008). 『2007 Annual Visitor Research Report』

UNCTAD(1997). 『International Trade in Health Services: Differences and Opportunities for Developing Countries』

UNWTO(2008). 『Tourism Highlight 2007 Edition』

문성민 ────────────────────────────

Santa Monica Community College를 졸업하고 경희대학교에서 관광학 석사, 한양대학교에서 관광학 박사를 취득하였다.
제5회 보훈학술논문 공모전 우수상, 제7회 시민의 비평상 입선, 2007 서울창의상 부문 장려상 등 다수의 공모전에서 수상하였다.
주요 논문으로는 「조우규범과 개인공간 유지성향이 혼잡지각에 미치는 영향: 청계천 방문객을 대상으로」 등 지속적인 연구를 진행하고 있다.

제주관광의 정책현황과 대안모색

-관광학 관점에서 제주도 재발견-

초판인쇄 | 2009년 5월 25일
초판발행 | 2009년 5월 25일

지은이 | 문성민
펴낸이 | 채종준
펴낸곳 | 한국학술정보㈜
주　소 | 경기도 파주시 교하읍 문발리 파주출판문화정보산업단지 513-5
전　화 | 031) 908-3181(대표)
팩　스 | 031) 908-3189
홈페이지 | http://www.kstudy.com
E-mail | 출판사업부　publish@kstudy.com

등　록 | 제일산-115호(2000. 6. 19)
가　격 | 21,000원

ISBN　 　　　　　　　　　　　　　(Paper Book)
　　　978-89-268-0012-6 08320 (e-Book)

이담
Books 는 한국학술정보(주)의 지식실용서 브랜드입니다.